Collection dirigée par le professeur Roger Brunet,
assisté de Suzanne Agnely et Henri Serres-Cousiné.

© *1977. Librairie Larousse. Dépôt légal 1977-2ᵉ. — Nᵒ de série Éditeur 8039.*
Imprimé en France par l'imprimerie Jean Didier (Printed in France).
Librairie Larousse (Canada) limitée, propriétaire pour le Canada
des droits d'auteur et des marques de commerce Larousse.
Distributeur exclusif pour le Canada : les Éditions françaises Inc.,
licencié quant aux droits d'auteur et usager inscrit des marques pour le Canada.

Iconographie : tous droits réservés à A. D. A. G. P. et S. P. A. D. E. M.
pour les œuvres artistiques de leurs adhérents, 1977.
ISBN 2-03-013922-X.

beautés de la France

L'AQUITAINE

Librairie Larousse
17, rue du Montparnasse, 75006 Paris.

Sommaire

Dans chaque chapitre figure une carte originale de Roger Brunet.

Les numéros entre parenthèses renvoient aux folios placés en bas de page avec les titres abrégés des chapitres (1. Les Eyzies — 2. Châteaux en Périgord — 3. Vins de Bordeaux 4. Côte d'Argent et Landes — 5. Côte basque — 6. Villages basques).

1. Cathédrales de la préhistoire en Périgord

Textes en haut de page

rédigé par Michel Laclos

Le reportage photographique a été réalisé par **André Nadeau - Studio des Grands Augustins**, à l'exception des photos pp. 1, 8 (haut), 8 (bas), 10-11, 18-19 (bas), Jean Vertut; pp. 2-3 (haut), Binois-Pitch; p. 2 (bas), Desjardins-Top; p. 7, P. Tétrel; p. 9, Lauros-Giraudon. Les photos Jean Vertut sont extraites de *Préhistoire de l'art occidental* d'André Leroi-Gourhan, Éditions d'art Lucien Mazenod, Paris.

2. Châteaux en Périgord et en Agenais

Textes en haut de page

rédigé par Gérald Pechmèze

Le reportage photographique a été réalisé par **Martin Fraudreau - Top** à l'exception des photos p. 16, Guillot-Top; pp. 17 (haut), 19 (haut), Loirat - C. D. Tétrel.

Notre couverture :

Maisons crépies de blanc groupées autour de l'église, Urepel, typique village basque de la vallée des Aldudes.

Phot. M. Fraudreau - Top.

3. Sur les routes des vins de Bordeaux

Le reportage photographique a été réalisé par
André Nadeau - Explorer,
à l'exception des photos
pp. 2-3 (haut), Desjardins-Top;
pp. 3 (bas), 19 (bas), Duvergé-Cedri;
p. 17 (bas), Berne-Fotogram.

4. Les Landes au bord de l'Océan

Le reportage photographique a été réalisé par
Guy Marineau - Top,
à l'exception des photos
pp. 4-5 (haut), Germain-Rapho;
pp. 12, 13 (haut), 19 (haut), 19 (bas),
P. Tétrel;
p. 14, Desjardins-Top;
p. 18 (haut), G. Papigny.

5. La Côte basque

Le reportage photographique a été réalisé par
Gérard Loucel - Fotogram,
à l'exception des photos
p. 7, de Roll-Top;
p. 17, Berne-Fotogram;
p. 19 (haut), Pavlovsky-Rapho.

6. Claires maisons en verte campagne, les villages basques

Textes en haut de page

rédigé par Jean-Erik Linnemann

Le reportage photographique a été réalisé par
Eric Mistler et Eddy Kuligowski - Vloo,
à l'exception des photos
p. 1, Reichel-Top;
pp. 4 (centre), 10 (bas), 16 (bas), Vogel-Explorer;
pp. 9 (haut), 18 (haut), Fraudreau-Top;
p. 13 (haut), Schwab-Fotogram;
pp. 13 (bas), 16 (haut), 17 (haut), P. Tétrel.

L'Aquitaine

L'AQUITAINE, maintenant, est le groupe des cinq départements qui va de la Dordogne aux Pyrénées-Atlantiques en passant par le Lot-et-Garonne, la Gironde et les Landes : ce que l'on pourrait appeler le Midi atlantique de la France. Un Midi? Par on ne sait quelle pudeur, qui tient peut-être au ciel changeant, on n'ose trop employer le mot, lui préférant souvent le peu compromettant «Sud-Ouest». Mais voyez l'accent, les langues, le rugby — ou les structures économiques —, les cultures et la culture : c'est bien une part, originale, du Midi de la France.

La région est bicéphale : l'immense et presque vide triangle des Landes la coupe en deux. Deux têtes, sur deux fleuves : Bordeaux d'un côté, de l'autre les maumariées du Gave et de l'Adour, Pau et «Bab» (Bayonne-Anglet-Biarritz). Si Bordeaux assure commander le tout, ce sud-ouest du Sud-Ouest demeure bien indépendant en vérité et ressemble peu à la Guyenne, qui pour un Méridional est presque aussi «au nord» que le pays lyonnais.

Bordeaux est inséparable du vignoble. Si la ville en montre surtout les aspects les plus sévères, ceux du trafic et des façades fermées, du monumental et de la morgue, elle vaut bien mieux que cette apparence, comme on le découvre en y flânant longuement. Le vignoble est inséparable des Anglais, qui l'ont transformé, ont fait sa renommée, lui ont laissé des noms et ce je-ne-sais-quoi dans l'air qui distingue le Bordelais des autres Méridionaux. Discuté mais inégalé, le bordeaux reste le vin le plus cher du monde, du moins à son sommet; et la promenade dans le vignoble s'apparente à un long pèlerinage dont le seul nom de chaque étape voudrait un profond recueillement. Les châteaux y sont rarement des merveilles d'architecture : mais on y va pour une autre forme de beaux-arts; du reste, La Brède et Montesquieu sont là pour apaiser les mauvaises consciences (mais pourquoi le seraient-elles?). Si d'Yquem à Lafite les soleils sont sur la rive gauche de la Garonne, il reste bien des étoiles rive droite, dont quelques-unes de première grandeur de l'autre côté de la Dordogne. Mais, dès l'Entre-deux-Mers, une autre dimension des pays bordelais apparaît : celle des villages et des châteaux forts qui se sont fait connaître dans l'histoire et où l'on retrouve l'Anglais. Vers le Périgord et vers l'Agenais s'étale un grand pan de collines ensoleillées et de larges vallées où se pressent les vignes et les vergers, le tabac et ses hauts séchoirs, les légumes et leurs abris argentés : des campagnes maintenant tranquilles — aux rythmes plutôt lents, comme les gestes des dégustations auxquelles convie leur célèbre table —, mais qui furent jadis agitées, disputées, convoitées.

Les unes recèlent dans leurs grottes les plus merveilleux témoignages de nos ancêtres de la préhistoire : la vallée fortunée de la Vézère est l'une de celles qu'il faudrait avoir vues en détail, même si la merveille des merveilles, Lascaux, a dû être close. Et si l'on songe que, peut-être, non loin de là, gisent d'autres Lascaux encore à découvrir...

Près des grottes, et plus encore au long des cingles de la Dordogne, ces amples boucles en corniche, s'égrène depuis le Moyen Âge tout un chapelet de châteaux faits et refaits, du donjon à la gentilhommière, qui ajoutent encore à la beauté de la vallée. Ils évoquent, avec les villages forts qui s'éparpillent sur les blanches collines de l'Agenais, les siècles où Français et Anglais se disputèrent la Gascogne, et dont il reste de vieilles pierres qui valent celles de la Provence — une comparaison qu'induit volontiers le paysage.

C'est une tout autre palette que celle des pays de l'Adour, au pied et au bout des Pyrénées. Ici règne le vert soutenu, celui de la forêt montagnarde, de la lande parfois, des prés souvent. Et du maïs presque partout, dont c'est ici le domaine : avec les oies, et la gourmandise qui les accompagne, en particulier dans ce petit paradis qu'est la Chalosse. Toute cette verdure et ce calme, que l'agitation de Lacq n'a guère troublés, n'enfouissent pas un passé plus pâle que celui de l'Aquitaine septentrionale : les seuls noms de Béarn et de Pays basque, provinces voisines mais bien différentes et qu'on confond trop vite de loin, entretiennent le souvenir. Mais, d'un côté, l'histoire s'est comme arrêtée au « Béarnais » par excellence, « noust'Henric » parti conquérir le royaume de France et fonder avec panache une dynastie. De l'autre, elle n'a cessé de s'écrire, si l'on ne s'attarde pas trop aux frontières, qui arrêtent tout au plus les vols de palombes ; car le Pays basque n'a en France que trois provinces, contre quatre en Espagne ; et bien moins de poids. Mais, déjà, quelle personnalité ! Un paysage à nul autre vraiment comparable par son relief diapré de tous les verts imaginables et tout piqueté d'impeccables et blanches « etche » ; une langue qui défie encore tous les exégètes ; des coutumes et des comportements qui étonnent, et que l'exploitation touristique du folklore n'a guère affectés en profondeur.

Les villes y sont en marge. La plus grande est même gasconne, et non basque : mais Bayonne se fond dans une agglomération de plus en plus « exotique », hésitant entre l'administration, l'industrie et les bains de mer, dont Biarritz a simultanément le côté « rétro », avec ses rocailles d'un siècle, et le côté « néo » avec le surf. Non loin, Saint-Jean-de-Luz, qui n'a plus de corsaires, se dit par comparaison et malicieusement « la plage où l'on se baigne » ; mais Hendaye peut y prétendre aussi. D'un bout à l'autre — ce qui n'est pas beaucoup —, cette Côte basque est d'une surprenante beauté, par ses falaises et ses criques, par les couleurs de l'eau et du ciel.

Rien à voir, en fait, avec l'immense Côte d'Argent qui nous ramène vers le Bordelais : 230 km de sable nu. De quoi tenter aménageurs et spéculateurs, qui ont voulu en faire une « Californie », ou une « Floride », ou je ne sais quoi qui ne convenait pas. Il a fallu en rabattre et revenir (provisoirement ?) au raisonnable. Ainsi n'a-t-on pas encore pu changer vraiment cet alignement de dunes entre deux mers : l'océan, toujours vert et calme, des pins des Landes ; l'autre océan, gris, vert ou bleu, toujours agité, frangeant d'écume la plage où l'air fouette le sang. Çà et là, quelques oasis abritées qui regardent vers les étangs intérieurs ; au milieu, l'étrange bassin à huîtres qui se vide deux fois par jour et où règne Arcachon.

Sur cette façade marine, finalement, il n'y a plus beaucoup de vie maritime : le port de Bordeaux vit de ses souvenirs ou fuit la ville, en attendant les projets géants du Verdon. La vie quotidienne de l'Aquitaine reste intérieure ; et pourtant, des Eyzies aux Landes, du Bordelais au Pays basque, d'Arcachon à l'Agenais et au Périgord, elle a des attraits que beaucoup lui envient et une renommée qu'elle assume calmement.

Roger BRUNET

cathédrales
de la préhistoire
en Périgord

▲ *Dans une boucle de la rivière,
environné de verdure,
Saint-Léon-sur-Vézère.*

Au fil de la Vézère ▶
*en amont des Eyzies-de-Tayac,
le charme discret du Périgord.*

◀◀ *La grotte de Lascaux :
un aurochs noir qui témoigne
d'un art pariétal très évolué.*

2. Les Eyzies

*Il est au cœur du Périgord,
pays de plateaux boisés et de rivières tranquilles,
une région privilégiée par la préhistoire.
Près des rives de la Vézère et de ses affluents,
dans le secret des cavités qui criblent les falaises,
la terre et la pierre gardent l'empreinte de nos plus lointains ancêtres.
Plusieurs civilisations s'y succédèrent :
leurs traces révèlent la longue évolution de l'homme et de ses techniques.*

Les populations paléolithiques,
vivant de chasse et de pêche,
n'avaient pour toute demeure
que les abris naturels.
Au pied des falaises,
les auvents des « abris-sous-roche »
les protégeaient des rigueurs du climat,
et ils en ornèrent les parois
de gravures et de peintures.

4. Les Eyzies

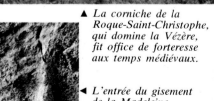

▲ *La corniche de la
Roque-Saint-Christophe,
qui domine la Vézère,
fit office de forteresse
aux temps médiévaux.*

◄ *L'entrée du gisement
de la Madeleine,
dont un âge paléolithique
porte le nom (magdalénien).*

Habitat-sous-roche ►
*de l'âge des
chasseurs de rennes,
l'abri de Cro-Magnon.*

Des grottes, que l'humidité et l'obscurité rendaient peu propices à l'habitat,
l'homme des cavernes fit le foyer de son art, le sanctuaire de sa religion.
Galeries et salles profondes, préservées de l'inexorable dégradation
opérée par les intempéries et les millénaires,
ont conservé ces œuvres émouvantes
où se mêlent culte magique et goût de la représentation.

6. Les Eyzies

*Sur la rive droite de la Beune,
la grotte des Eyzies
ouvre sur un paysage boisé.*

*Les profonds couloirs ▶
de la grotte de Font-de-Gaume,
aux parois décorées de fresques.*

Peinture, gravure, sculpture,
l'artiste préhistorique s'est essayé
à toutes les formes d'expression,
créant un univers animé, rehaussé de couleurs,
où prédominent les motifs animaliers.
Sur le calcaire, sur l'os, sur l'ivoire,
apparaissent son souci de la décoration,
son sens étonnant de l'exécution et du fini.

◀ *Rhinocéros noir*
sur mur de craie :
Rouffignac.

Tracé
sur une coulée
stalagmitique,
épousant
le relief,
un cheval
au galop
(Font-de-Gaume).

Célèbre ▶
bas-relief :
la « Vénus
de Laussel »,
copie conservée
au musée
des Antiquités
nationales
de Saint-Germain-
en-Laye.

Lascaux : ▶
une faune
stylisée,
aux figures
superposées,
dessinées
sur les saillies
des parois,
soulignées
de noir,
colorées
en rouge
et en ocre.

▲ *Au pied des hautes falaises
de la vallée de la Vézère,
les Eyzies-de-Tayac.*

*E*ntre Limousin et Quercy, aux confins occidentaux du Massif central, le Périgord porte en lui tout le mystère des premiers temps de l'humanité. Ses vallées étroites et sinueuses, enfoncées dans le calcaire compact des plateaux, semblent avoir abrité la vie très tôt dans le Quaternaire, il y a environ un million d'années. La lente évolution de l'homme s'y décrypte clairement au long des innombrables abris-sous-roche qui percent les falaises.

Les Eyzies, Montignac, Rouffignac, des sanctuaires qui, depuis 1863 pour le vaste ensemble que forme le premier, 1940 pour le deuxième (la merveille de Lascaux), 1956 pour le troisième, ont passionné les savants. Celui que couramment on appelle « l'homme des cavernes » continue de livrer chaque jour une part de son secret. Des armes et des outils façonnés dans le bois, l'os et la pierre, des structures d'habitat, des peintures pariétales, des gravures et des sculptures nous restituent l'univers longtemps méconnu des plus lointaines civilisations. Devenues de plus en plus méthodiques, les fouilles se font de plus en plus indiscrètes. D'autres trouvailles — un second Lascaux, peut-être — viendront s'ajouter aux précédentes. Confirmant des théories, infirmant des hypothèses, apportant une nouvelle pierre — un silex! — à l'édifice construit jusqu'ici.

La science préhistorique est relativement récente : de ses prodigieuses découvertes, les premières ne remontent qu'à l'orée du XIXᵉ siècle. La région périgourdine, d'une exceptionnelle richesse, a contribué à son essor. Sans doute lui fournira-t-elle encore, dans le secret de galeries inexplorées, matière à une connaissance plus approfondie de l'homme, de ses techniques et de son art à ses débuts.

À ces vestiges, étonnamment préservés par les millénaires, la nature prête un séduisant écrin. L'attrait que le visiteur trouve aujourd'hui à la région est certes bien différent de celui qu'y virent les tribus préhistoriques, venues se réfugier dans ces contrées pour fuir le froid des plaines du Nord. Mais il sera, autant que ses « ancêtres », sensible à la clémence du climat, à la sérénité du ciel, à cette luminosité qui donne aux verts une gamme infinie de nuances. Le *Périgord noir* — ainsi surnomme-t-on ce pays de grottes qu'enserrent les vallées de la Vézère et de la Dordogne — marie l'ocre et le blanc des corniches et des à-pics calcaires à l'émeraude des rivières qui y musardent (la Beune, la Petite Beune), aux sombres coloris des yeuses et des pins qui survivent au déboisement, aux teintes plus tendres des châtaigniers, des ajoncs et des genêts. Fief de vallons riants, d'eaux limpides, de rochers insolites et de gorges profondes, cette terre de la douceur de vivre ne pouvait qu'attirer l'homme : il s'installa d'abord dans les excavations des falaises, et bien plus tard édifia des petits villages, des forteresses confondues avec le roc, des églises fortifiées, des castels élégants. Une histoire proche de nous que la fascination des âges préhistoriques tend à faire oublier.

Les Eyzies-de-Tayac, capitale de la préhistoire

Un modeste village, blotti au confluent de la Vézère et de la Beune dans un décor imposant de falaises en surplomb où s'accrochen⟨t⟩ chênes verts et genévriers, a très curieusement pris rang de capital⟨e⟩ de la préhistoire. L'aurait-on malencontreusement oublié que tout⟨,⟩ aux Eyzies-de-Tayac, jusqu'aux enseignes des commerçants rangean⟨t⟩ avec hardiesse mammouths et bisons parmi leurs meilleurs alliés, s⟨e⟩ chargerait de nous le rappeler.

La vallée de la Vézère a joué un rôle de tout premier plan a⟨u⟩ paléolithique. L'attestent les travaux de chercheurs passionnés, tel⟨s⟩ Émile Rivière, Édouard Lartet, Louis Capitan, Denis Peyrony, l'abb⟨é⟩ Henri Breuil. Et comme l'historien Camille Jullian l'écrit : « Tou⟨t⟩ Français qui s'intéresse à son histoire, tout homme épris de son pass⟨é⟩ devrait effectuer le pèlerinage des Eyzies. » Le peuplement de cett⟨e⟩ vallée et de ses abords se fit, vraisemblablement, durant la deuxièm⟨e⟩ période glaciaire, lorsque les hommes, devant la progression de⟨s⟩ glaciers nordiques, suivirent l'émigration des troupeaux dont il⟨s⟩ faisaient leur nourriture essentielle. La Vézère, que l'on voi⟨t⟩ aujourd'hui onduler capricieusement entre des lignes de peupliers, a⟨u⟩ milieu de terres fertiles, coulait alors à quelque 30 m au-dessus de so⟨n⟩ niveau actuel, entre des parois rocheuses trouées de cavernes; c'étai⟨t⟩ là des abris commodes pour se protéger à la fois des rigueurs d⟨u⟩ climat et de la dent des fauves. L'occupation des lieux dura plusieur⟨s⟩ dizaines de milliers d'années. Assez longtemps pour que, le⟨s⟩ conditions climatiques se modifiant, les techniques changent et, ave⟨c⟩ elles, les formes de vie. La période magdalénienne (à partir d⟨e⟩ − 14000 environ) marque l'apogée d'une civilisation de pêcheurs⟨-⟩ chasseurs, au cours de laquelle l'homme s'organisa, l'outillage s⟨e⟩ perfectionna, un art se confirma qu'avaient ébauché les première⟨s⟩ périodes du paléolithique supérieur. Les abris s'ornèrent de plu⟨s⟩ en plus de gravures et de peintures. Les outils eux-mêmes s'enri⟨-⟩ chirent de décorations gravées. Contraintes à une vie sédentaire, le⟨s⟩ tribus développèrent leurs dons artistiques. Mais leurs descendants (⟨à⟩ partir de − 9500 environ), se libérant des grottes et regagnant le Nor⟨d⟩ à la suite de la faune « froide » que le changement de climat rebutait⟨,⟩ délaissèrent cet art devenu inutile.

Près de deux cents gisements préhistoriques ont été recensés dan⟨s⟩ le seul département de la Dordogne : plus de la moitié se situent au⟨x⟩ environs immédiats des Eyzies-de-Tayac. Cro-Magnon, Laugerie⟨-⟩ Haute et Laugerie-Basse, Cap-Blanc, les Combarelles, Font-de⟨-⟩ Gaume, la Madeleine, la Micoque, le Moustier, la Mouthe, Laussel⟨,⟩ Bernifal : autant de sites échelonnés le long de la Vézère et de l⟨a⟩ Beune, dont la découverte puis la fouille ont permis de révise⟨r⟩ beaucoup d'idées fausses sur les débuts des sociétés organisées.

Les premières grandes étapes de l'humanité

Il est difficile d'avoir de la préhistoire une idée (relativement) claire si l'on ne connaît pas les grandes étapes de l'évolution de l'homme, telles que les découvertes faites jusqu'ici permettent de les établir — au moins pour l'Europe.

L'homme semble être apparu assez tôt dans l'ère quaternaire, voici un, deux (ou trois?) millions d'années. Commence alors l'âge de la pierre taillée, ou paléolithique.

Le paléolithique inférieur comprend l'abbevillien (ainsi nommé à cause des silex ramassés à Abbeville par ce pionnier que fut Jacques Boucher de Perthes, 1788-1868), le clactonien et l'acheuléen. L'outillage se compose, durant cette période fort longue (850 000 ans, peut-être), de cailloux à peine dégrossis puis de coups-de-poing en silex ou en quartzite, de racloirs, de perçoirs..., de plus en plus « fonctionnels ».

Le paléolithique moyen (vers – 50000) est divisé en tayacien, levalloisien et moustérien. Il s'étale sur une période bien plus courte. C'est la période contemporaine des hommes dits de Neanderthal, de La Chapelle-aux-Saints, de la Ferrassie et du Moustier. L'outillage s'y est considérablement amélioré.

Suit, avec la dernière période glaciaire, le paléolithique supérieur : périgordien, aurignacien, solutréen et magdalénien, auquel on accorde 30 000 ans d'existence. L'*Homo sapiens* est arrivé avec la race de Grimaldi, celle de Cro-Magnon et celle de Chancelade. L'outillage est

▲ *Les premiers pas de la sculpture : œuvres provenant de Laugerie-Haute, de la Ferrassie et de l'abri Cellier (musée des Eyzies).*

Vu de la grotte du Grand-Roc, l'accès à l'abri de Laugerie-Haute,
▼ *un des plus riches gisements de France.*

Entre le singe et l'homme : Cro-Magnon

À mi-chemin entre Tayac et les Eyzies, un abri en forme de petite grotte *(cro)* a été le théâtre d'une affaire criminelle que nul disciple du commissaire Maigret n'est en mesure d'élucider aujourd'hui. Cinq squelettes humains aurignaciens furent exhumés ici en 1868; des coquillages percés et assemblés en colliers ou en bracelets les accompagnaient dans leur sépulture. Parmi ces squelettes figurait celui d'une femme reposant à côté des restes d'un fœtus. Le crâne de la malheureuse portait des traces de coups ayant entraîné la mort. Meurtre rituel? Drame de la jalousie? Peut-être. Mais les archéologues, Jean de Quatrefages et Ernest Hamy, avaient assurément d'autres sujets de méditation que ce « fait divers » : les squelettes, entourés de silex, appartenaient à la race de chasseurs de rennes, baptisée depuis lors « de *Cro-Magnon* », qui vécut du paléolithique supérieur jusqu'au néolithique. Découverte capitale qui permit aux partisans de l'évolutionnisme de triompher en exhibant ce maillon, jusque-là manquant, entre le singe et l'homme : un être de grande taille (1,80 m en moyenne), doté d'une forte musculature, au crâne allongé (dolichocéphale). La haute antiquité de l'homme était ainsi établie.

Les trésors des Eyzies : les Laugeries

En bordure de la Vézère également, mais sur la rive opposée, l'*abri de Laugerie-Haute* s'ouvre sous d'impressionnants blocs de calcaire, à côté du petit village dont les maisons se nichent sous une saillie de la roche. Cet abri atteignait à l'origine près de 200 m de long et 25 m de profondeur. Exposé au midi, il accueillit, au long des millénaires, les populations préhistoriques les plus diverses. D'où son immense intérêt, pressenti d'ailleurs par les premiers chercheurs, É. Lartet et H. Christy, qui, dès 1863, entreprirent l'étude du gisement. Des coupes de terrains ont permis de fonder toute une chronologie des niveaux successifs d'occupation. Et, en 1938, Jean Maury mit au jour un « drame » lointain : des individus, appartenant à une race intermédiaire entre celle de Cro-Magnon et celle de Chancelade (découverte près de Périgueux), ont péri écrasés sous des tonnes de roches détachées du plafond. La position de l'un d'eux, resté presque intact, laisse à penser qu'ils furent surpris durant leur sommeil.

Non loin de ce riche gisement est l'autre Laugerie (Laugerie-Basse), que l'on atteint par une route bordée d'énormes éboulis et qui côtoie la Vézère. Là aussi, un petit village s'abrite sous la falaise. Là aussi, un important foyer de vie humaine dont on est parvenu à retrouver les différentes phases, du milieu du magdalénien jusqu'à l'aube de la

▲ *Sculpté dans la voûte,
le saumon découvert
dans l'un des abris
de Gorge-d'Enfer.*

devenu complexe. L'homme travaille non seulement la pierre mais l'os, avec lequel il façonne des aiguilles, des harpons. Son art de la peinture, de la gravure et de la sculpture est arrivé à un sommet. Le paléolithique supérieur a laissé d'innombrables traces dans la région des Eyzies-de-Tayac. Le magdalénien se situe vers − 14000, à une époque où le climat se réchauffait en se rapprochant du climat actuel.

Au paléolithique supérieur succèdent vers − 8000 le mésolithique; vers − 3000, le néolithique (pierre polie et agriculture); puis l'âge des métaux (bronze et fer).

Il va de soi que ce rapide survol de plus d'un million d'années est simplifié à l'extrême — et particulier à l'Europe occidentale. Les industries mentionnées ne sont pas les seules. Il en existe beaucoup d'autres pour le préhistorien. Mais ce serait sans doute embrouiller les choses que de les répertorier toutes. Le touriste désireux d'en savoir davantage trouvera au musée national de Préhistoire des Eyzies d'excellents tableaux synoptiques le mentionnant. Et il aura, de plus, l'appréciable avantage de pouvoir confronter ces notions abstraites à l[a] réalité d'innombrables objets. ■

**Le musée national
de Préhistoire**

Plusieurs gisements préhistorique[s] de la région possèdent leur minimusée exposant fièrement le matériel lithique ou osseux tiré de leur sous-sol. Aux yeux du spécialiste, ces vestiges présentent

*Sur la rive gauche de la Vézère,
Sergeac dont les alentours
▼ recèlent des gisements.*

période historique. Objets gravés et sculptés, silex taillés ont été regroupés dans un intéressant petit musée.

Au sud des falaises des Laugeries, peut-être fera-t-on étape au musée de Spéléologie qui a choisi pour cadre les excavations affouillées par une nature artiste dans l'imposant escarpement (plus de 70 m) du roc de Tayac. Ou peut-être préférera-t-on d'abord flâner à *Gorge-d'Enfer,* qui le jouxte. Ce vallon est devenu « parc naturel de la préhistoire » : on y voit les animaux terrestres et aquatiques connus en ces temps reculés (biches, cerfs, daims, sangliers, chevaux...). Les rochers qui l'enserrent comportent plusieurs grottes et abris. Le plus célèbre de ces derniers, découvert en 1912, doit son nom, « abri du Poisson », au saumon long de 1,10 m sculpté en léger relief sur la voûte, et que Denis Peyrony sauva d'une fâcheuse « capture » à des fins commerciales. Ce poisson, attribué à un artiste périgordien, est parfaitement identifiable.

Au fil de la Vézère, deux foyers du paléolithique

En amont des Eyzies et en aval de Tursac, dans un cadre verdoyant où prospèrent les noyers et les peupliers, maints abris-sous-roche évoquent les âges préhistoriques. Au pied d'une haute falaise, sur la rive droite de la Vézère, se trouve le gisement de *la Madeleine.* Mondialement célèbre depuis qu'on lui emprunta son nom pour définir un âge et un style caractéristiques du paléolithique supérieur (le magdalénien), cet abri n'offre, en apparence, rien de très spectaculaire. Et sans doute le profane sera-t-il plus tenté de se promener dans les rochers, au milieu des ruines médiévales et des bois qui environnent le site. Car la Madeleine n'est, en fait, qu'un simple abri-sous-roche que masquent en partie des buissons épineux. Exposée au sud, presque au ras de la rivière, elle devait offrir aux « Magdaléniens » une bonne protection contre la pluie et un heureux emplacement pour la pêche.

Le sous-sol s'y révéla d'une extrême richesse. Édouard Lartet — un avocat du Gers qui se passionnait pour les fouilles et fut à l'origine de belles découvertes — y trouva, à partir de 1863, d'intéressants témoignages : silex taillés, os, outils en ivoire, bois de rennes, objets de parure, œuvres d'art, et même un squelette humain. En dégageant le squelette de l'une des six couches archéologiques, Lartet découvrit aussi des plaquettes d'ivoire. Sur l'une d'elles apparut le dessin d'un mammouth, d'une habileté d'exécution remarquable. Les plaquettes de la Madeleine furent présentées à l'Exposition universelle de 1867. Pour la première fois, le grand public pouvait admirer un objet orné par ses lointains ancêtres. Mais il fallut aux scientifiques bien plus longtemps pour admettre la réalité de l'art préhistorique.

Tout comme l'abri de la Madeleine a donné son nom à un âge d[u] paléolithique supérieur, l'*abri du Moustier,* plus au nord, a permis d[e] baptiser une autre époque, plus ancienne, et un autre type d'outillage infiniment moins raffiné : le moustérien. Au-dessus du petit village[,] le coteau s'étage en gradins où s'étaient installés les hommes pré[-]

beaucoup d'intérêt même si, parfois, les plus belles pièces en ont été prélevées au profit du musée des Antiquités nationales de Saint-Germain-en-Laye. Si l'on n'est qu'un simple curieux (plein de bonne volonté), on peut, sans en rougir, finir par trouver lassantes ces accumulations de silex diversement taillés et de fragments humains ou animaux. On se limitera alors à un seul musée, celui des Eyzies-de-Tayac, à la visite duquel on ne saurait se dérober.

Il est installé dans l'ancien château des sires de Tayac, redoutable forteresse des XIe et XIIe siècles dont le XVIe siècle adoucit l'austérité. Il domine d'une vingtaine de mètres le village, étiré au bas des falaises, et la paisible vallée où confluent Vézère et Beune. De sa plate-forme en surplomb, où somnole le cocasse

▲ *Bloc calcaire orné de bœufs primitifs,*
mis au jour dans le gisement solutréen
du Fourneau-du-Diable (Dordogne)
et conservé au musée des Eyzies.

« homme primitif » dû au ciseau médiocrement inspiré du sculpteur Paul Dardé et réalisé d'après le squelette moustérien mis au jour à La Chapelle-aux-Saints (Corrèze), se découvre en effet un panorama grandiose : une nappe de verdure encaissée entre des falaises abruptes souvent hautes de 80 m où constamment affleure le calcaire. À gauche les rochers du Cingle ; à droite les falaises des Laugeries.

Les salles du musée que Denis Peyrony, délégué des Beaux-Arts, y fit installer dès 1913, regroupent donc les fruits d'une soixantaine d'années de fouilles et de récoltes. C'est dire que toutes les époques y sont représentées, expliquées et commentées par des tableaux synoptiques, des coupes stratigraphiques et des photographies. On pourra ainsi se

➝

historiques. Deux terrasses révélèrent des gisements. La première, à mi-hauteur, fut mise au jour par Lartet et Christy en 1863. La seconde, au-dessous, fut d'abord fouillée par un étrange personnage suisse-allemand, Otto Hauser. Fortuné et sans scrupule, celui-ci exploitait les sites archéologiques, moins pour faire progresser la

science que pour en tirer un profit personnel. Il arriva dans la vallée de la Vézère en 1898 et prit aussitôt des options sur quelques abris, dont celui du Moustier. Hauser se mit au travail en 1908. Et la chance lui sourit. D'une couche profonde, il exhuma le squelette d'un adolescent de 16 à 18 ans, de type néanderthalien, vieux de quelque 70 000 ans. Sans se soucier des protestations, Hauser céda son *Homo mousteriensis hauseri* au musée d'Ethnographie de Berlin contre 160 000 marks-or.

Faute de pouvoir étudier l'*Homo mousteriensis hauseri* (le musée fut détruit au cours de la dernière guerre), les préhistoriens passèrent le gisement au tamis, sans trouver d'autres spécimens de l'*Homo faber* — qui s'apparentait sans doute à celui qui fut découvert en 1856 près de Düsseldorf : un être de taille relativement faible (1,60 m), au crâne dolichocéphale, au front bas, aux bras très longs et aux genoux légèrement fléchis. Mais ils trouvèrent un précieux outillage de silex d'une facture particulière, à laquelle on attribua l'appellation de « moustérien ».

Art ou imposture ?

Du roc de la Peine, dont la silhouette, façonnée par l'érosion, se détache au confluent de la Beune et de la Vézère en un beau surplomb au-dessus de la route, le regard embrasse Les Eyzies et les deux vallées, ocellées de vert et d'ocre. Non loin, au sud de cet insolite rocher, un pittoresque village, aux maisons du plus pur style périgourdin, la Mouthe, vit à l'heure de la préhistoire.

Un sentier descendant dans un vallon mène à une grotte d'aspect peu spectaculaire. Dans l'histoire des découvertes, elle n'en mérite pas moins une place à part. Dès 1894, Émile Rivière repère près du sentier un abri, muré par son propriétaire. L'exposition plein sud peut laisser supposer une occupation, aussi examine-t-il l'intérieur. Le sol est hélas nu. Le propriétaire sourit finement : « J'ai tout déblayé il y a quarante-neuf ans ». D'un coin de terre épargné par la pioche, Émile Rivière retire seulement quelques dents de rennes et des coquillages percés. Quelques mois plus tard, Gaston Berthoumeyrou, homme de confiance du préhistorien aux Eyzies, avertit ce dernier que le propriétaire de la Mouthe vient de dégager une ouverture. Derrière se présente une vaste caverne, bientôt explorée. À la lueur vacillante d'une bougie, Gaston Berthoumeyrou repère sur une paroi un bison gravé. Et quand, en juin 1895, Émile Rivière revient à la Mouthe, ce n'est pas un bison qu'il déchiffre sur la paroi, mais des troupeaux entiers, des mammouths, des cerfs, des bœufs, des chevaux, des rhinocéros, des rennes tachetés et des bouquetins, une hutte en rouge vif et noir. L'art quaternaire existe donc ! Fébrilement, le préhistorien

faire une idée assez juste de ce que fut la vie des hommes des cavernes avant de passer à l'étude (succincte) de leurs techniques et de leur art.

Une sépulture magdalénienne a été reconstituée dans un bâtiment annexe. Le squelette que l'on y voit appartient à une jeune femme. Détail piquant : il ne provient pas des environs, mais de Saint-Germain-la-Rivière, dans la Gironde. ■

D'autres grottes encore...

Au touriste curieux de préhistoire, le Périgord offre des trésors sans fin. À côté des grottes et abris « vedettes », auxquels un pèlerinage s'impose (et là encore, il n'aura que l'embarras du choix!), il est beaucoup d'autres gisements, de moindre renom, mais d'un intérêt

▲ *Reconstituée au musée des Eyzies, la sépulture magdalénienne de Saint-Germain-la-Rivière (Gironde) et son squelette.*

égal, pour l'amateur éclairé comme pour le spécialiste qui sait lire dans le plus humble débris. Leur visite systématique constituerait un bel exploit sportif, les inventorier tous serait fastidieux.

Dans la vallée de la Vézère, il fau toutefois mentionner encore l'*abri d la Micoque*, près de Tayac, car le préhistorien Denis Peyrony y défini deux industries du paléolithique, et la *grotte de Bara-Bahau*, creusée dans la colline qui domine Le Bugue Cette dernière fut découverte en 1951 par Norbert Casteret. Des dessins d'animaux, du périgordien supérieur, réalisés au doigt ou au bâton, ornent ses parois. Fit-elle office de temple pour les tribus préhistoriques de la Ferrassie? Le mystère demeure. Quant à la petite *grotte de la Grèze*, au-dessus de Cap-Blanc, sur la rive droite de la

prend des empreintes, fait des relevés, rédige des notes à l'intention de l'Académie des sciences. De quoi susciter un beau scandale. Nul ne conteste la beauté du bison recopié sur place. Au contraire. On le juge même trop beau pour être vrai. Comment l'homme primitif aurait-il pu dessiner dans le noir?

Face aux objections de ses confrères, Émile Rivière tient bon. Il explique, prouve. Un dépôt argileux recouvrait la plupart des dessins, et ce dépôt renferme des traces de faune glaciaire. L'éclairage? Il montre une pierre (grès rouge), creusée en forme de godet, de 1,5 cm de profondeur en son centre, et ramassée dans la grotte en 1895. C'est une lampe! Les Romains en utilisèrent de pareilles 10 000 ou 15 000 ans plus tard. Le chimiste Marcelin Berthelot déclare que la matière prélevée à l'intérieur est «comparable à ce que laisserait la combustion d'une matière grasse d'origine animale, du suif ou du lard». Le résultat de son analyse n'est connu qu'en 1901; dès août 1902, une délégation de sommités, parmi lesquelles l'abbé Breuil, se rend sur le terrain. Cette fois, l'authenticité de la Mouthe et de ses trésors n'est plus discutée. La bataille de l'art pariétal des cavernes de l'âge du renne est gagnée.

Le profane qui, à présent, visite la grotte de la Mouthe, aura peut-être du mal à déchiffrer les gravures. Parfois rehaussées d'ocre, elles commencent à environ 95 m de l'entrée d'un couloir long de 150 m, peu éclairé, souvent étroit et glissant.

Les « géantes » de l'art pariétal

La vallée de la Beune, à l'est des Eyzies, n'a rien à envier à la Vézère. Des gisements s'égrènent tout le long de la rivière. Les abris creusés dans ses rochers ont servi d'habitat à l'homme préhistorique. Ainsi, pour l'abbé Breuil, la *grotte des Combarelles* est à ranger parmi les « géantes » de l'art pariétal.

Cette grotte des Combarelles, l'éminent préhistorien la connaît parfaitement : il en est l'inventeur avec le docteur Louis Capitan et Denis Peyrony. Par un beau matin de septembre 1901, les trois hommes, venant des Eyzies, marchent sur la route qui conduit aujourd'hui à Sarlat. Au-delà du hameau des Girouteaux, construit sous un surplomb de la falaise (ses habitations troglodytiques ne manquent pas de pittoresque), les promeneurs s'arrêtent dans le vallon des Combarelles, devant une ferme adossée au roc de Touniolou. Ils parlent au fermier. On évoque les gravures de la Mouthe.

« Bah! dit le fermier, des gravures comme ça, j'en connais! Chez nous. Dans l'étable... »

L'étable, en effet, en partie souterraine, sert d'antichambre à une

vaste grotte, haute de 6 m, longue de 100. Les trois préhistoriens découvrent, ébahis, une profusion d'images sur les parois de la galerie étroite et sinueuse qui la prolonge sur 237 m, ancien lit d'un ruisseau qui, lors de fortes pluies, est réoccupé par les eaux. Cet ensemble d'œuvres d'art — gravures pour la plupart —, du magdalénien moyen, est parfois difficile à déchiffrer : les traits s'enchevêtrent, la patine les mêle. Deux cent quatre-vingt-onze figures ont été décelées : une majorité d'animaux, figurés au repos ou dans l'effort de la course (chevaux ou autres équidés, bisons, ours, rennes, mammouths, bouquetins, bœufs, cerfs, biches, lions, loups, rhinocéros), une main cernée de noir, des dessins humains ou semi-humains et des signes qui sont peut-être des représentations génitales. Une autre galerie, à droite de celle-ci, a livré de nouvelles gravures : bisons, chevaux, mammouths, rennes, et quelques figures d'attribution douteuse. Et la liste n'est pas close, car on suppose que la grotte des Combarelles possède d'autres développements, inaccessibles pour le moment.

L'existence des œuvres de la grotte des Combarelles vient à peine d'être portée à la connaissance de l'Académie des sciences que ses inventeurs récidivent. Ils s'attaquent cette fois à la *grotte de Font-de-Gaume*, à 2 km des Eyzies, elle aussi située dans la vallée de la Beune. La caverne s'ouvre, à mi-hauteur d'un éperon rocheux et à 20 m environ au-dessus du niveau de la vallée. Au fond de son vestibule, la muraille s'abaisse, ne laissant plus qu'une étroite fissure. Derrière celle-ci, deux galeries jumelles; dans celle de droite, longue de 120 m, au-delà d'un passage surélevé à 65 m de l'entrée, toute une faune défile sur les parois, merveilleux ensemble en monochromie ou en polychromie, où la gravure se mêle à la peinture. L'abbé Breuil recense quelque 200 figurations : bisons, chevaux, mammouths, cervidés, bœufs, chèvres, rhinocéros, félins, ours, lion et être humain, exécutées les unes et les autres aux époques périgordienne et magdalénienne. La frise des bisons, délicatement gravée, colorée en brun-noir sur calcite blanche, atteint un réalisme saisissant. Une nouvelle « bombe » est lancée dans les milieux des spécialistes de la préhistoire!

Et Vénus est venue...

Remontant la vallée sauvage de la Beune, on n'hésitera pas à grimper au sommet du coteau pour gagner par un sentier qui traverse les bois l'*abri du Cap-Blanc*. Modeste abri en fait, long d'une quinzaine de mètres au plus. C'est le docteur Lalanne qui, en 1909, entreprit de fouiller un talus sous un saillant rocheux. Furent ainsi mis au jour deux foyers magdaléniens, et, plus tard, une sépulture humaine de la même époque.

Beune, elle conserve un beau bison gravé.

Mérite aussi une visite la *grotte de Bernifal*, à quelques kilomètres du confluent des deux Beunes, dans la vallée de la Petite Beune. Certes, cette caverne, découverte par Denis Peyrony en 1902, ne saurait être comparée à celles de Font-de-Gaume ou des Combarelles. Ni pour le nombre ni pour la qualité des œuvres qu'elle recèle. Mais l'abbé Breuil, qui la visita à plusieurs reprises, y inventoria un panneau de mains cernées de noir, des mammouths rappelant ceux de Font-de-Gaume, des chevaux, rennes et bisons. Un accident de la roche a été transformé, par l'adjonction de quelques incisions, en visage humain. Seul inconvénient, l'accès relativement difficile. Une fente de 0,60 m sur 0,80 m permettait de

s'introduire dans une salle de 70 m de long. Depuis, l'ancienne entrée, comblée, a été désobstruée.

Enfin, pour compléter cet inventaire de la préhistoire périgourdine, on ne saurait passer sous silence des sites comme celui de *la Ferrassie* (au nord-ouest des Eyzies), mis au jour à la fin du XIXᵉ siècle et fouillé par Denis Peyrony; hors de beaux objets en os et en silex, cinq squelettes humains de la période de l'*Homo faber* y furent exhumés. Comme la *grotte de la Mairie* (Teyjat), non loin de Nontron, la caverne la plus septentrionale du Périgord, qui allie à la féerie des stalagmites l'intérêt de fines gravures magdaléniennes (rennes, bovidés). Pas plus n'oubliera-t-on les remarquables gravures contemporaines de Lascaux que recèle la *grotte du*

→

▲ *Au creux d'un vallon, l'entrée de la grotte des Combarelles, réputée pour ses gravures magdaléniennes.*

Juchées sur une éminence, noyées dans la végétation, les ruines médiévales du château de Commarque.

L'abri se termine par une petite salle ronde qui, lorsqu'elle fut explorée, était pavée de dalles. En en retournant une, tombée de la voûte, Peyrille, le fouilleur, eut la surprise de voir un bison sculpté. Débarrassées de la terre qui y adhérait, les parois laissèrent apparaître la frise des chevaux, aujourd'hui célèbre, longue ornementation travaillée en bas relief. Cinq équidés, dont l'un atteint 2,15 m de longueur et dans les rangs desquels se faufilent quelques bisons et bœufs, se succèdent en file indienne sur près de 13 m. Cette découverte fut la première du genre.

Tout près du Cap-Blanc, sur l'autre rive de la Beune, au pied des ruines du château médiéval de Commarque, existe une petite grotte dont la galerie la plus profonde n'a que 24 m. L'abbé Breuil et C. Paris l'explorèrent en 1917, y découvrant des hauts-reliefs et des gravures de chevaux, de bouquetins, datant de la même période que celles du précédent abri, mais malheureusement en fort mauvais état.

À quelques centaines de mètres de là, accessible par les bois, l'*abri*

de Laussel s'est montré plus généreux. Dans la falaise bordant la grande Beune, ce gisement de 115 m de long et moins de 20 m de large a livré de nombreux vestiges allant du moustérien au solutréen. Sa réputation, pourtant, tient moins à ce matériel d'une grande variété qu'à la Vénus sur laquelle le docteur Lalanne mit la main, un heureux jour de 1911.

Quelques mois après la découverte de la frise du Cap-Blanc, l'abri de Laussel se trouva à vendre. Lalanne s'en rendit acquéreur. Et en 1911, une mystérieuse scène, gravée profondément sur une dalle calcaire, constitua la première trouvaille. Elle représentait, tête-bêche, deux silhouettes humaines. Leur position, assez mal précisée, évoquait pour les uns une scène de coït, pour les autres un accouchement. Presque aussitôt, Lalanne rencontra sa Vénus. Il s'agit là d'une sculpture, en ronde bosse, haute de 43 cm : une femme aux hanches débordantes, aux seins très développés, tenant à la main une corne de bison ouvragée. L'œuvre, taillée dans le calcaire et

▲ *Étrange floraison de stalactites et de stalagmites dans la grotte du Grand-Roc, non loin des Eyzies.*

Gabillou, à Mussidan; les peintures polychromes, venues de la phase la plus éloignée du Quaternaire et que l'abbé Glory authentifia, de la *grotte du Cluzeau*, à Villars, dans la vallée de la Dronne. Quant à la *grotte de Raymonden*, près de Périgueux, c'est là que fut découvert en 1888 le squelette d'un homme préhistorique, considéré dès lors comme le type de la race de Chancelade. Ces individus de petite taille (1,60 m en moyenne), à crâne dolichocéphale, au visage large, aux pommettes saillantes, auraient vécu à la même époque que les Cro-Magnon. ■

Des chefs-d'œuvre naturels

Toutes les grottes de la vallée de la Vézère et de ses abords reçurent la visite des hommes préhistoriques, qui s'y installèrent pour des séjour plus ou moins prolongés. Il en est toutefois qui n'en gardent pas trace mais ont d'autres attraits.

Ainsi, la *grotte du Grand-Roc*, q domine, à mi-falaise, la vallée de l Vézère en amont des Eyzies, intéressera surtout les amateurs de minéralogie. Sa découverte, en 192 fut tout à fait accidentelle, et il est probable que les chasseurs de Cro-Magnon ou de la Madeleine n'en soupçonnèrent pas l'existence. Après les fouilles de Laugerie-Basse, J. Maury et J.-A. Le Bel décidèrent de creuser la grande falaise non loin de là, au lieu dit « le Grand-Roc ». À mi-hauteur, un petite source apparaissait. Ils firen percer un tunnel et leurs efforts furent récompensés quand leur galerie déboucha soudain dans une vaste cavité, tapissée de formation

conservant des traces d'ocre, s'avère soignée et les détails en sont encore très visibles. La poursuite des travaux de dégagement permit de récupérer d'autres Vénus en moins bon état et un chasseur au corps élancé, toutes pièces semblant dater de l'aurignacien.

La « chapelle Sixtine de la préhistoire »

En ce jeudi 12 septembre 1940, quatre jeunes gens se promènent non loin de la jolie cité de Montignac, sur la colline boisée qui domine la Vézère. Le chien de l'un d'eux furète dans ce cadre de chênes, de pins et de genévriers. Une fissure dans le sol l'arrête soudain. L'animal s'engage dans le trou noir, bascule, disparaît. Marcel Ravidat, l'aîné de la bande, se faufile par l'étroite ouverture, descend courageusement le long d'une pente raide qui mène... où? Une allumette craquée éclaire fugitivement une grande salle. Le chien est là. Pas seul. Sur les parois de roche blanche, un troupeau de cerfs et de bisons colorés semble danser. De tous côtés, une ménagerie insolite d'une miraculeuse fraîcheur s'offre à la vue. La *grotte de Lascaux* vient d'être découverte.

Les adolescents font à leur ancien instituteur le récit de leur aventure. D'abord sceptique, ce dernier doit vite admettre que la réalité s'avère encore plus extraordinaire que la description pourtant enthousiaste. Et le 21 septembre, accompagné du chanoine Jean Bouyssonie, du docteur Cheynier et de Denis Peyrony, l'abbé Breuil, appelé sur les lieux, pénètre dans la soixante-quatorzième grotte ornée de sa carrière. Bouleversé, il s'écrie : «C'est la chapelle Sixtine de la préhistoire!» Puis, la première émotion passée : «Cette perfection va-t-elle engendrer l'incrédulité?» Le préhistorien se souvient en effet que, devant les bisons peints d'Altamira, nombreux furent ceux qui refusèrent d'admettre le talent pictural des «sauvages» de l'âge du renne. Or, les artistes de Lascaux surclassent sans conteste leurs confrères ibériques.

Préservées de la lumière pendant 17 000 ans par un effondrement providentiel et de l'humidité par la couche imperméable qui recouvre le plafond calcaire, les fresques de Lascaux ont pu, grâce à la température constante dont bénéficiait ainsi la grotte, garder leur fraîcheur originelle. Sur quelque 200 m de parois, au gré de quatre galeries, s'ordonne un extraordinaire bestiaire. La vache, le taureau, le bison, le cerf, le cheval, le bouquetin, l'ours, le lion, le rhinocéros de Merck et un mystérieux animal baptisé licorne animent des compositions au relief saisissant, qui ne peuvent que susciter l'admiration. La richesse des coloris (une cinquantaine environ), la justesse de l'observation, l'élégance du graphisme qui allie la vision de trois quarts et la vision de profil, le sens de la décoration et de

Ce cheval, saisi dans le mouvement du galop, ▼ *est l'une des merveilles de Lascaux.*

l'utilisation de la structure naturelle du support, tout cela confère ces œuvres préhistoriques une beauté inégalée.

Cette beauté reconnue, et l'authenticité des fresques n'étan aujourd'hui contestée par personne, une question se pose : quel mobiles poussaient alors l'homme à couvrir ainsi les voûtes de

cristallines défiant miraculeusement les lois de la pesanteur. Ces arborescences translucides évoquaient les figures les plus variées : coraux marins, personnage humain, pied d'éléphant… Sur un trajet de 300 m, l'extraordinaire floraison de stalactites et de stalagmites se poursuivait, d'une richesse incomparable. Aujourd'hui, fort bien aménagée, la grotte compte toujours parmi les plus belles du genre.

Quoique de moindre importance, la *grotte de Carpe-Diem,* qui s'ouvre non loin, au nord-ouest du Grand-Roc, en contrebas de la route (D. 31), possède un couloir étroit de 180 m, tapissé de stalagmites et de stalactites aux silhouettes insolites.

Foisonnement de formes étranges gracieusement sculptées, déploiement de draperies artistement disposées, magie d'un univers façonné par la Nature, c'est là aussi l'étonnant spectacle qu'offrent les profondeurs du *gouffre de Proumeyssac.* Au sud du Bugue — agréable bourgade installée dans un lacet de la Vézère, à proximité de sa rencontre avec la Dordogne —, au milieu de bois de châtaigniers et de chênes, Proumeyssac perce le sommet d'une colline.

L'effondrement d'une voûte a permis la découverte d'une large cavité, profonde de 50 m. Des concrétions calcaires la décorent délicatement. Une plate-forme installée à mi-hauteur et à laquelle on accède par un tunnel permet d'embrasser l'ensemble de cette merveille où la Vierge côtoie Bouddha, le faisan, la méduse, et où « volètent » de curieux papillons roses. ■

▲ *Sur le plateau,
tout près de Lascaux,
les nouvelles fouilles
du Regourdou.*

caverne de représentations d'animaux recherchés et craints en même temps? Et cela dans des conditions difficiles, à la lueur de lampes incertaines, avec un matériel rudimentaire? Quelles croyances l'animaient, le contraignaient peut-être à tracer des images jusque dans les coins les plus reculés? Souci de rendre l'environnement plus joli?

Nullement : la grotte de Lascaux ne fut pas habitée, ou fort peu. Les préhistoriens s'accordent à voir maintenant en Lascaux un sanctuaire, un lieu magique. Toutes les peintures qui ornent la grande salle en forme de barque renversée, la galerie latérale, le diverticule axial au fascinant décor multicolore, le puits et l'étage inférieur ont été réalisées non pour le simple plaisir des yeux mais pour servir un culte. Avant de partir pour la chasse, l'homme préhistorique venait-il ici assurer son pouvoir sur la proie convoitée en se livrant à quelque cérémonie secrète devant sa représentation? C'est probable. Faut-il considérer la fameuse scène qui montre un humain à tête d'oiseau, couché ou mort — ou encore dominateur, et même en érection, selon l'angle de vue —, devant un bison furieux et perdant ses entrailles (tandis qu'un rhinocéros s'éloigne), comme un ex-voto destiné à commémorer un accident ou à forcer le destin d'une chasse à réussir?

La destination précise de la grotte de Lascaux nous échappe. Nous ne connaissons pas la nature des rites dont elle était le cadre et dont le sorcier revêtu de fibres, gravé sur la paroi gauche de la rotonde, réglait peut-être l'ordonnance. Une chose, cependant, est sûre : les hommes qui fréquentaient ce sanctuaire possédaient, outre des dons artistiques évidents, une psychologie infiniment plus complexe que celle qu'on a longtemps pu leur prêter.

Les dangers de la gloire

Une découverte de cette importance ne pouvait rester longtemps secrète. Sitôt connue, le monde s'en empara : les photographes, les cinéastes et les touristes… Et, tandis que les services administratifs concernés restaient sourds aux appels pressants des préhistoriens suppliant que l'on prenne des mesures de protection et d'aménagement, les curieux arrivèrent, alléchés : 30 000 en 1950, 120 000 en 1962. La « chapelle Sixtine » périgourdine était lancée. En fait, elle agonisait. Le flot des visiteurs polluait les galeries. Une mousse microscopique, favorisée par l'atmosphère de serre chaude qui régnait là, proliférait, s'attaquant aux peintures, les dévorant littéralement. Il fallut prendre des mesures énergiques. En 1963, la grotte fut fermée au public. Un sas de chambre forte, des ventilateurs, des bacs à chaux destinés à résorber l'acide carbonique, des tubes d'oxygène furent installés. Une commission spéciale reçut la délicate mission de trouver un remède. Les plus grands spécialistes vinrent au chevet de la malade. Leurs efforts furent récompensés : la « chapelle Sixtine de la préhistoire » est sauvée. Mais sa santé reste précaire et son isolement demeure indispensable.

Le touriste qui n'est pas admis dans le sanctuaire pourra se consoler en visitant le *gisement du Regourdou,* sis sur le plateau, à

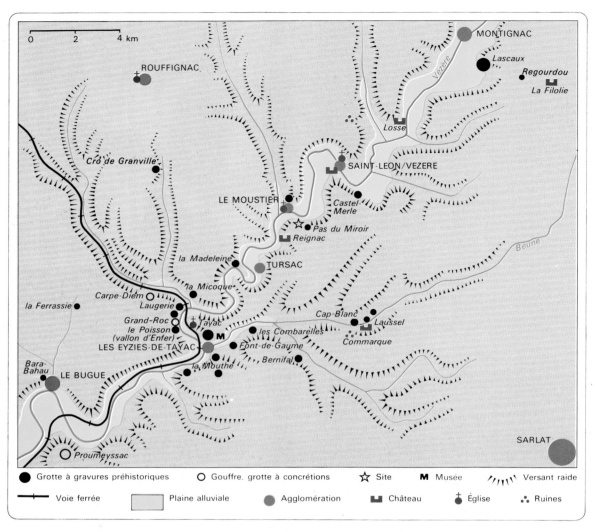

Grotte à gravures préhistoriques ●   **Gouffre, grotte à concrétions** ○   **Site** ☆   **Musée** M   **Versant raide** /⌐⌐⌐⌐

Voie ferrée ─┼─   **Plaine alluviale** ▢   **Agglomération** ●   **Château** 🏰   **Église** ✝   **Ruines** ⋰

Une grande figure de l'art pariétal

On ne peut s'intéresser à la préhistoire sans mentionner l'illustre et efficace serviteur de cette science : l'abbé Henri Breuil. Né à Mortain en 1877, élève au collège Saint-Vincent de Senlis, puis au séminaire d'Issy-les-Moulineaux, il est ordonné prêtre en 1900. Comment alors concilier la carrière d'homme de science et celle d'homme d'Église? Pour ne pas totalement faillir à ses deux vocations, l'abbé Henri Breuil se voit dispensé des servitudes paroissiales et consacre désormais à la préhistoire son insatiable curiosité.

En compagnie de ses deux fidèles collaborateurs, Denis Peyrony (1869-1954) et Louis Capitan (1854-1929), il découvre en 1901 la grotte ornée de Combarelles, aux Eyzies. Dès lors ce ne sont qu'études, enseignement, voyages, fouilles et publications.

Dès 1910, il est professeur à l'Institut de paléontologie humaine. Une chaire de professeur de préhistoire au Collège de France lui est octroyée en 1929, puis ce sont, de par le monde, de nombreux relevés de roches peintes et de cavernes ornées (Espagne, Portugal, Chine, Éthiopie, Afrique du Sud). Car non seulement ce savant s'intéresse aux divers gisements du sol français, mais aussi à ceux du monde entier.

L'abbé Henri Breuil, ce travailleur acharné dont l'existence n'est que vérification, contrôle et tri, est mort en 1961 à L'Isle-Adam. Homme au bouillonnant caractère, qui reste en fait la figure de proue de la préhistoire. ■

environ 500 m, face aux vestiges du château des comtes du Périgord. La grotte fut mise au jour en 1954. Le matériel qu'on y ramassa n'est pas négligeable : industries moustériennes accompagnées d'ossements d'ours et d'une mâchoire humaine bien conservée. Et parcourant la verte campagne environnante, on rêvera longuement à ces fresques inaccessibles qui, selon l'abbé Breuil, « témoignent d'un point culminant de l'épanouissement ultime de la première phase de l'art paléolithique supérieur ».

La grotte aux cent mammouths

À l'ouest de Montignac et de la merveille de Lascaux, à flanc de coteau au-dessus du vallon de Fleurac, la *grotte de Rouffignac* (également connue sous le nom de « cro de Granville ») est aussi l'une des plus belles grottes ornées du monde. Elle s'ouvre à 300 m d'altitude, à 5 km du bourg de Rouffignac, dont l'aspect pimpant fait presque oublier qu'il fut totalement détruit par les nazis en mars 1944, par mesure de représailles. Si elle fut l'un des sites les plus anciennement connus au XVIe siècle, il y a un peu moins de vingt ans que l'attention des passionnés d'art préhistorique se porte sur elle. Dans ses amples galeries étagées sur trois niveaux (près de 10 km), que parcourt aujourd'hui en partie (4 km aller-retour) un petit train électrique, longtemps ne s'aventurèrent guère que des spéléologues en herbe, des amateurs de sensations fortes, des amoureux et... des plaisantins. En témoignent éloquemment un nombre considérable de graffiti d'inspiration variée, certains fort anciens.

Grand fut donc le mérite de Louis-René Nougier et Romain Robert qui, un jour de juin 1956, décelèrent au milieu de ce fatras graphique des peintures magdaléniennes (12 000 ans). Authentiques? On pouvait légitimement en douter, les faux (maladroitement peints) abondant ici. Mais il fallut bientôt l'admettre : les mammouths repérés par les deux

préhistoriens n'étaient point l'œuvre d'un mystificateur. On s'aperçut très vite que la caverne tout entière s'ornait de frises où figuraient non seulement les fameux mammouths (plus d'une centaine), mais aussi des rhinocéros (quelques dizaines), des bisons, des chevaux et des bouquetins, reproduits avec une maîtrise surprenante et, parfois, un humour déconcertant. En tout, environ 200 figures, dont 8 seulement sont anthropomorphes.

Réhabilitée aux yeux des préhistoriens, la grotte de Rouffignac garde cependant son mystère. Devant le « mammouth à l'œil coquin », devant la frise des « hardes s'affrontant », longue de 15 m, devant le « Grand Être » magdalénien, figure de « l'Esprit régissant la multiplication du gibier et les expéditions de chasse » (abbé Breuil), qui règne sur le second étage, devant le bestiaire apocalyptique du Grand Plafond, on ne peut qu'admirer le talent de leurs créateurs. Et s'interroger, une fois de plus, sur leurs motivations. La fonction magique de ces œuvres semble évidente. Si, comme tous les spécialistes l'assurent, elles jouèrent un rôle important dans la vie des chasseurs aurignaciens ou magdaléniens, le choix de leur emplacement dans les sanctuaires souterrains et celui de ces « chapelles » ne seraient pas fortuits. Ce choix, Louis-René Nougier l'explique pour le Grand Plafond : « Les surfaces du Grand Plafond ont été choisies parce que seules ces surfaces s'ouvrent au-dessus du grand aven souterrain de la grotte, lequel permet un accès aisé vers les étages inférieurs. Ces peintures-réalités dominent un vaste entonnoir aux pentes raides, garnies d'argile de décalcification. L'embout de l'entonnoir perce un plancher calcaire et atteint une diaclase étroite, constituant le second étage inférieur. Les figures peintes correspondent aux lèvres de l'entonnoir. Elles en sortent. Elles s'échappent des profondeurs de l'aven et forment, au-dessus de lui, comme un « ciel » constellé de mammouths, de chevaux ou de bisons. L'opposition entre l'aven profond et le plafond chargé d'animaux rappelle l'opposition terre et ciel, suggère le mystère de la bouche d'ombre. »

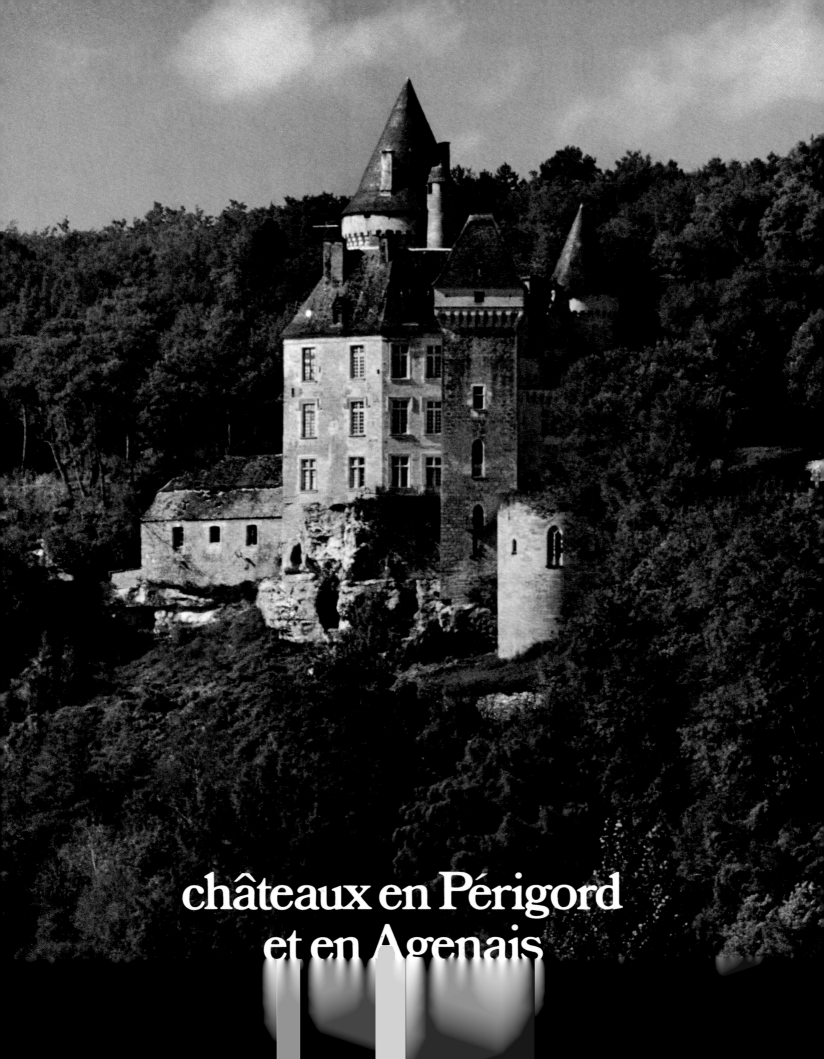

châteaux en Périgord
et en Agenais

◀ *Planté sur un mamelon,*
le château de Montfort
surveille un «cingle»
de la Dordogne.

Nichées entre ▲
falaise et rivière,
les maisons à toit brun
de La Roque-Gageac.

A̶près une jeunesse turbulente,
la Dordogne serpente
dans les paysages verts du Périgord,
semblant flâner parmi des manoirs perchés
et des vieux villages
sortis tout droit du Moyen Âge.

◀◀ *Ancré à flanc de coteau*
dans un vallon solitaire,
le château de La Roque,
près de Meyrals.

Non loin des ruines encore imposantes
des forteresses médiévales,
vestiges d'un passé guerrier,
la Renaissance a élevé des châteaux plus aimables,
sans renoncer pour autant
aux fossés et aux remparts
qu'imposaient les luttes religieuses.

*Au confluent de la
Dordogne et de la Céou,
Castelnaud se serre autour
▼ de sa forteresse démantelée.*

*Complexe et disparate, ▶
le château de Biron
est l'œuvre de quatorze
générations de seigneurs.*

Conçu pour résister
à tous les assauts,
Bonaguil ne fut
jamais attaqué

Le château fort de
Sauveterre-la-Lémance
appartenait au
roi d'Angleterre

Le donjon crénelé
de Gavaudun
est toujours debout

*Victime de la rivalité de ses suzerains, le roi de France et celui
d'Angleterre, qui se trouvait être également duc d'Aquitaine,
le Périgord souffrit cruellement de la guerre de Cent Ans.
Beaucoup de ses places fortes changèrent plusieurs fois de mains,
abritant alternativement les troupes de chacun des adversaires.*

6. Châteaux en Périgord

▲ *Domme : la maison du Gouverneur,
flanquée d'une tourelle,
et le balcon de bois des halles
aux robustes piliers de pierre.*

Cœur de la bastide de Monpazier, ▶
*la place centrale, sa halle couverte
et ses vieilles maisons à arcades.*

*Recherchant la protection divine de la religion
ou celle, plus matérielle, de seigneurs bien armés,
la plupart des villages se développèrent
à l'ombre des abbayes et des châteaux,
mais certains purent s'entourer de murailles,
fortifier leur église
et défendre eux-mêmes leur liberté.*

Construit au bord d'un à-pic dominant la Dordogne, ▶ ▶
le château de Beynac n'est fortifié que sur ses arrières.

▲ *Du nid d'aigle de Beynac,
on aperçoit le château de Fayrac
et on devine, parmi les arbres,
les ruines de Castelnaud.*

*E*ntre les plateaux du Limousin
et les vallées de l'Aquitaine, un pays de langue d'oc, baigné d'une
lumière déjà méridionale, déploie une harmonieuse gamme de verts,
ceux de ses forêts, de ses pâturages, de ses landes et de ses
vignobles : c'est le Périgord, dont les limites correspondent, en gros, à
celles du département de la Dordogne. Périgord noir au sud-est, à
cause de la teinte sombre des forêts où dominent les chênes verts;
Périgord blanc au nord-ouest, un peu moins boisé, aux frondaisons
moins foncées et au sol crayeux. À cette distinction traditionnelle, on
ajoute parfois, tout à fait au nord, un Périgord vert, riche de prairies,
d'étangs et d'essences aux tons clairs. L'harmonie règne aussi parmi
les constructions, dont les pierres dorées et les vieilles tuiles brunies
par le temps s'intègrent naturellement au paysage.

Région sereine s'il en est, mais de quel prix n'a-t-elle pas payé cette
sérénité! Fief du duché d'Aquitaine, le Périgord faisait partie de la dot
de la duchesse Aliénor; il devint «français» lorsque cette dernière
épousa le roi Louis VII (1137). On sait que le mariage fut un échec et
que, en 1152, le roi de France répudia son épouse. Celle-ci récupéra
sa dot et s'empressa de se remarier. L'acquisition de l'Aquitaine
augmenta la puissance de son nouveau conjoint, Henri Plantagenêt,
qui était déjà duc de Normandie et comte d'Anjou; et quand, en 1154,
il hérita en outre de la couronne d'Angleterre, il devint, pour le roi de
France, un rival dangereux. Pris entre les deux adversaires, tiraillé
entre Anglais et Français, soumis à toutes les pressions, à toutes les
luttes d'influence, le malheureux Périgord ne sut — ou ne put —
prendre nettement parti et ne retrouva un semblant de calme qu'avec
la fin de la guerre de Cent Ans (1454). Pas pour longtemps d'ailleurs,
car, un siècle plus tard, ce pays, qui avait déjà souffert de la sanglante
croisade contre les albigeois (1209-1244), fut de nouveau ravagé par
les guerres de Religion (1562-1598). Il subit ainsi quatre siècles de
sièges, d'assauts, de pillages et d'incendies. Quatre siècles au cours
desquels on édifia châteaux forts et bastides comme on pose des pions
sur un échiquier, pour contrôler la place forte adverse, située de
l'autre côté de la rivière ou sur le «pech» (colline) d'en face.

Quant aux châteaux de la Renaissance, postérieurs à ces troubles,
ils sont l'œuvre de Périgourdins qui, ayant suivi Charles VIII,
Louis XII et François Ier en Italie, en revinrent chargés de butin et
transformèrent ces richesses en demeures dignes d'eux.

Bonaguil, dernier bastion de la féodalité

Aux confins du Quercy, de l'Agenais et du Périgord noir, au milieu
de bois rafraîchis par les eaux vives, une colossale forteresse aux
murs couleur de miel se dresse, écrasante et superbe, au sommet d'un
promontoire de 60 m de hauteur, au-dessus d'un village pittoresque,
dont les maisons, coiffées de tuiles plates, se mirent dans un ruisseau.
C'est l'extraordinaire Bonaguil, fortifié en pleine Renaissance, en
dépit des édits de Charles VII interdisant les ouvrages de défense
privés, par un seigneur resté féodal, Bérenger de Roquefeuil.

Trois grands noms
des lettres françaises

Déjà renommé pour ses paysages, ses châteaux, ses grottes et sa table, le Périgord a encore un autre titre de gloire : il a vu naître, en cent vingt ans, trois grands noms des lettres françaises : Montaigne, Brantôme et Fénelon.

C'est à la limite du Périgord et du Bordelais, près du plaisant village de *Montcaret*, dont l'église romane est bâtie sur une villa gallo-romaine, que s'élevait le château de Montaigne, où naquit, le 28 février 1533, Michel Eyquem de Montaigne. Demeure et seigneurie avaient été achetées soixante-six ans plus tôt par l'arrière-grand-père du futur écrivain, Ramon Eyquem, enrichi dans le commerce. Fils d'un gentilhomme de fraîche date et d'une juive chassée d'Espagne par l'Inquisition, le jeune Michel fit de brillantes études, devint conseiller à la cour des aides, fréquenta la Cour, puis, à trente-huit ans, se retira dans ses terres et entreprit la rédaction de ses « Essais », dont l'édition complète ne parut qu'après sa mort, survenue en 1592.

Du château, incendié en 1885, il ne reste qu'une tour ronde, toute simple, où l'écrivain travaillait à l'écart, accolée à un escalier à vis, à une tourelle qui servait de chapelle et à un petit bâtiment dont il avait fait sa chambre à coucher. Le cabinet de travail, aux solives ornées de citations grecques et latines, et que Montaigne appelait sa « librairie », est demeuré dans l'état où il était au XVIe siècle.

Au nord de Périgueux, sur la Dronne, dont les rives verdoyantes

▲ *Le long de la Dronne,
les bâtiments classiques
de l'ancienne abbaye de Brantôme.*

*Bonaguil et son donjon en étrave :
une forteresse féodale
adaptée à la technique militaire
▼ de la Renaissance.*

Petit, malingre, bossu et atrabilaire, Bérenger de Roquefeuil avait quelques ennuis avec ses vassaux. Brutal, intransigeant, il finit par être condamné par la justice du roi à faire amende honorable. C'était plus qu'il n'en pouvait supporter et, pour mieux asseoir son autorité, il décida de renforcer son château de Bonaguil, élevé au XIIIe siècle,

avant les armes à feu, en y apportant tous les perfectionnements mis au point par l'architecture militaire la plus récente.

« Par monseigneur Jésus et tous les saints de son glorieux paradis, jura-t-il, j'eslèveroi un castel que ni mes vilains subjects ne pourront prendre, ni les Anglais s'ils ont l'audace d'y revenir, voire même les plus puissants soldats du Roy de France. » Cela sonne comme une fanfaronnade, mais quarante ans de travaux (de 1480 à 1520) firent du vieux château la forteresse bien adaptée à son époque — celle de la bombarde et de la couleuvrine — que l'on voit aujourd'hui.

Autour du curieux donjon en forme de vaisseau, dont la proue, tournée vers la colline, ne présentait aux boulets de l'ennemi que des lignes fuyantes, Roquefeuil planta quatre tours d'angle rondes, dont une absolument énorme, haute de 35 m. Dans la cour d'honneur, une cinquième tour servait d'appartements. Au nord, protégés par une barbacane aux murs épais de 2 m, deux ponts-levis enjambaient le large fossé de protection. Par la suite, Roquefeuil entoura le château d'une vaste enceinte plus basse, dont les tours d'angle demi-circulaires pouvaient prendre un éventuel agresseur sous le feu de leur mousqueterie, tandis qu'une esplanade permettait d'installer des pièces d'artillerie. Le tout percé de meurtrières pour le tir rasant.

Un puits creusé dans le roc assurait le ravitaillement en eau, les communs regorgeaient de provisions, la poudrière, bien protégée contre des tirs éventuels, était pleine, et la garnison était toujours maintenue au complet : le sire de Bonaguil pouvait soutenir un long siège... mais il n'y eut jamais de siège. Bérenger de Roquefeuil s'éteignit derrière ses murailles à l'âge avancé de 82 ans, malgré sa constitution chétive, sans que personne ait osé attaquer son imprenable citadelle. C'est seulement sous la Révolution que la Convention fit écrêter quelques-unes des tours orgueilleuses, symboles d'un passé depuis longtemps révolu.

Aux alentours de Bonaguil

Au nord de Bonaguil, la fière forteresse de *Sauveterre-la-Lémance*, qui, du haut de son plateau rocheux, commande la haute vallée de la Lémance, se dresse au milieu des bois, à côté d'un village en ruine. Située à la limite des domaines anglais et français, elle fut construite au début du XIVe siècle par les Anglais et subit plusieurs sièges, dont celui de 1431, qui ouvrit dans son flanc sud une brèche encore visible.

Ceinturé d'épaisses murailles, elles-mêmes protégées par un fossé de quelque 20 m de large, le château, auquel on n'accède que par une porte étroite, n'a pas de donjon, mais trois tours, dont la plus massive a des murs épais de 3 m. Cette dernière abrite plusieurs salles

▲ *Le château féodal de Fénelon,*
enfermé dans sa double enceinte,
est devenu une agréable demeure.

et paisibles annoncent déjà les Charentes, *Brantôme*, « Venise périgourdine », est, s'il faut en croire André Maurois, « la plus ravissante et la plus féerique petite ville du Périgord ». Son histoire est étroitement liée à celle de l'abbaye bénédictine fondée par Charlemagne et dont le célèbre chroniqueur Pierre de Bourdeille — plus connu sous le nom de Brantôme — fut, au XVIᵉ siècle, abbé commendataire.

Né en 1540 au château de Bourdeilles, où il devait mourir soixante-quatorze ans plus tard, Brantôme passa une bonne partie de sa vie à guerroyer. Une disgrâce le ramena en Périgord et, en 1584, une chute de cheval lui imposa une retraite définitive. Il consacra celle-ci à la rédaction de chroniques relatant la vie d'hommes et de dames illustres, dans lesquelles les

anecdotes piquantes l'emportent souvent sur la stricte vérité historique, mais dont le style est toujours d'une grande élégance.

Ravagée par les Normands, reconstruite au XIᵉ siècle et transformée au XIVᵉ et au XVIIIᵉ siècle, l'abbaye abrite aujourd'hui la mairie, le musée et les écoles de la ville. L'ancienne abbatiale a perdu ses coupoles, remplacées par des voûtes, et son élément le plus intéressant est son clocher du XIᵉ siècle, de style roman limousin, isolé sur un rocher abrupt de 12 m de haut.

C'est en plein Périgord noir, près de Sainte-Mondane et de la Dordogne, que se trouve le *château de Fénelon*, où naquit, en 1651, François de Salignac de La Mothe-Fénelon. De très vieille noblesse, mais sans fortune, il s'orienta vers

La chapelle à deux nefs de Biron donne,
au rez-de-chaussée, sur le village
▼ *et, au premier, sur la cour du château.*

voûtées, aussi vastes que sa porte est exiguë. À l'extrémité de la cour intérieure, une tour située sur la partie escarpée du plateau permet de surveiller le pays à des kilomètres à la ronde.

À l'ouest de Sauveterre-la-Lémance, *Gavaudun*, un ancien repaire de bandits de grands chemins, interdisait aux Anglais de l'Agenais l'entrée du Périgord. Il est vrai que la position stratégique de l'ouvrage, perché à 40 m de hauteur, sur un éperon de 300 m de long, à l'entrée d'un canyon creusé par la Lède, est assez remarquable. Il ne reste rien du corps de logis, mais le donjon crénelé du XIVᵉ siècle, intact, dresse toujours ses six étages au sommet de l'inexpugnable bloc de roc.

Tout près de là, à *Laurenque*, une église romane du XIIᵉ siècle, Saint-Sardos, n'a conservé de sa splendeur passée qu'un bas-côté de pierre dorée, couvert de tuiles plates, et un étonnant portail, dont la décoration est visiblement influencée par l'art arabe. À gauche du clocher massif, au toit à quatre pans, des ruines rappellent l'existence d'un prieuré, fondé par les bénédictins de Sarlat, qui dépendaient directement du roi de France. Ce dernier ayant décidé de construire une bastide à Saint-Sardos, les routiers du sire de Montpezat incendièrent le prieuré et massacrèrent les moines. C'est cet incident, courant à l'époque, qui donna le coup d'envoi de la guerre de Cent Ans, ainsi que le rappelle une vieille chronique anglaise, intitulée *The Preliminaries of the War of Saint-Sardos*.

Étonnant Biron

Un peu plus au nord, mais toujours à la lisière de l'Agenais et du Périgord, au sommet d'un « pech » d'où le regard porte à plus de 30 km, le saisissant ensemble de Biron déploie ses tours, ses tourelles, ses galeries, ses chemins de ronde, ses terrasses. Construits, du XIIᵉ au XVIIᵉ siècle, par quatorze générations de Gontaut-Biron, une quinzaine de bâtiments disparates, imbriqués les uns dans les autres, déroulent en arc de cercle chapelle, tour, courtine, donjon, corps de logis, pavillon, loggia Renaissance, tour carrée, etc.

Cette imposante forteresse eut une existence mouvementée. Enlevée par les albigeois en 1211, reprise par Simon de Montfort l'année suivante, elle fut restituée en 1222 par le roi Louis VIII à Henri de Gontaut, premier des quatre grands barons du Périgord. Pendant la guerre de Cent Ans, elle changea plusieurs fois de mains, et la famille de Gontaut ne la récupéra définitivement qu'en 1451. Un siècle et demi plus tard, un Gontaut, Charles, connu sous le nom de Biron, s'illustra de triste manière. Amiral et maréchal de France, gouverneur de la Bourgogne, il conspira si bien contre Henri IV qu'il finit par être condamné à mort et fut décapité à la Bastille.

l'Église. Vite remarqué par un
« Traité de l'éducation des filles », il
devint précepteur du duc de
Bourgogne, écrivit des « Fables »,
une « Explication des Maximes des
saints », qui fut condamnée par
Rome, et « les Aventures de
Télémaque », qui lui valurent la
disgrâce royale. Retiré à Cambrai,
dont il était archevêque, il y resta
jusqu'à sa mort (1715).

Ancienne forteresse féodale,
entourée de deux enceintes, le
château de Fénelon devint demeure
de plaisance dès le xve siècle. Entre
les tours de défense s'insèrent trois
corps de logis, bâtis en belles pierres
dorées et coiffés de lourdes lauzes
grises. L'ensemble est parfaitement
conservé et entretenu, mais, il y a
quelques années, une tour s'est
écroulée, victime de l'onde de choc
d'un avion supersonique. ■

▲ *Prêtes à accueillir foires et marchés,
la vieille halle de châtaignier
et les « cornières » de Monpazier.*

L'ensemble monumental de l'actuel château de Biron se signale
surtout par sa chapelle Renaissance à deux étages, construite à flanc
de coteau au xvie siècle. La nef supérieure, voûtée d'ogives, s'ouvre
de plain-pied sur la cour, alors que la nef inférieure, qui sert d'église
paroissiale, donne directement sur le village.

À signaler également : le donjon roman; l'élégante tour de garde
Renaissance, à créneaux et à chemin de ronde; la loggia, légère et
gracieuse, dont l'escalier monumental joint la terrasse à la cour
d'honneur; la tour d'angle ronde et le bâtiment du xviie siècle; de
nombreuses portes et fenêtres datant de la Renaissance, mais
d'inspiration flamboyante; des salles immenses, des cheminées
monumentales et une magnifique cave voûtée.

Monpazier, bastide par excellence

Non loin de Biron, le bourg de Monpazier est l'une des quelque
vingt bastides (parmi lesquelles Villeneuve-sur-Lot, Monflanquin,
Domme, Molières, Libourne) construites au xiiie et au xive siècle,
tant par les Français que par les Anglais, pour jalonner la frontière.
Ces villes neuves furent créées à des fins stratégiques, et on les
peupla en garantissant aux habitants un certain nombre de privilèges :
disposer librement de leurs biens, marier leurs filles à leur gré,
administrer leurs affaires communales par l'intermédiaire de consuls
choisis par eux, etc.

Qu'elles soient anglaises ou françaises, les bastides, entourées de
remparts et situées dans un site facile à défendre, sont toutes bâties
sur le même plan géométrique. À l'intérieur d'une enceinte carrée ou
rectangulaire, les rues se coupent à angle droit autour d'une place
centrale, cœur de la vie publique : c'est là que se tient le marché;
aussi les maisons se prolongent-elles par des galeries couvertes, les
« cornières », où marchands et chalands s'abritent les jours de pluie.
L'église, généralement fortifiée, est proche de la place, mais
néanmoins située à l'écart.

Monpazier, la mieux conservée de toutes ces bastides, fut bâtie
en 1284 par les Anglais. Au cours de la guerre de Cent Ans, elle
hébergea tour à tour des partisans anglais et français, et fut pillée
alternativement par les deux. Le chef huguenot Geoffroy de Vivans
s'en empara durant les guerres de Religion, les « croquants » révoltés
y tinrent une grande assemblée en 1594, et Buffarot, le chef d'une
autre jacquerie, y fut écartelé en 1637.

Après deux siècles et demi d'une histoire aussi chargée, on peut
s'étonner que Monpazier ait si peu souffert. Inscrite dans un rectangle
de 400 m sur 220 m, cette bastide a conservé trois de ses six portes
fortifiées, ses cornières aux arcades en berceau brisé, son église

Agenais et pruneaux d'Agen

L'Aquitaine — qui s'appela « Guyenne » tout le temps qu'elle fut aux mains des Anglais —, c'est aussi, au sud du Périgord, l'Agenais, dont les vallées sont un immense verger qui ressemble à un jardin. Le long de la Garonne, *Agen*, la capitale, chauffe ses pierres dorées et ses toits de tuiles rouges au gai soleil du Midi. Le monument le plus important de la ville est la cathédrale Saint-Caprais, ancienne collégiale, fondée au XIe siècle (le transept, le chœur et l'abside sont romans, alors que la nef est gothique), et le plus curieux est le pont-canal, une allée d'eau de 500 m de long, portée par 23 arches, qui fait passer le canal latéral par-dessus la Garonne. Il faut voir aussi l'église Saint-Hilaire, dont le clocher hexagonal et l'abside

datent du XIe siècle, et Notre-Dame-des-Jacobins, seule rescapée d'un important couvent détruit sous la Révolution. L'évêché, magnifique bâtiment classique réquisitionné par Napoléon, est devenu préfecture, l'une des plus belles de France et, peut-être, la plus agréable, si l'on tient compte du parc majestueux qui l'entoure. Il y a aussi d'intéressantes vieilles demeures, comme l'hôtel que Blaise de Monluc (surnommé « le Maréchal sanguinaire » à cause de la brutalité avec laquelle il combattit les huguenots) acheta à Marie Stuart, qui le tenait de son beau-père Henri II, ou celui d'Estrades, avec son escalier tournant à axe spiralé et ses fenêtres à meneaux, aujourd'hui musée municipal. Un musée à ne pas manquer, car il abrite, entre autres chefs-d'œuvres, la *Vénus du Mas* — qui ressemble étrangement à celle de

Milo et qui est probablement le plus bel échantillon de statuaire grecque jamais découvert en France —, plusieurs Goya (dont un autoportrait), un Utrillo, un Sisley et des Boudin.

Pour les gourmands, le nom d'Agen est indissolublement lié à un délicieux fruit sec, savoureux et charnu : le pruneau, obtenu en faisant sécher d'abord au soleil, puis à four doux une prune spéciale, la « prune d'ente » (*ente* signifie « greffe »), qui trouve en Lot-et-Garonne un climat, un terroir et un ensoleillement favorables, mais qui doit surtout son succès à l'habileté de ses producteurs. Pourtant, la capitale du pruneau d'Agen n'est pas Agen, mais *Villeneuve-sur-Lot*, une bastide fondée en 1253 par le frère de Saint Louis, Alphonse de Poitiers, comte de Toulouse, au

centre d'un cirque de coteaux, de part et d'autre du Lot. Les deux rives étaient reliées par un pont fortifié dont les tours, malheureusement, s'effondrèrent l'une après l'autre. Au XVIIe siècle, deux arches écroulées furent remplacées par une arche unique, qui, accolée aux deux dernières arches primitives, donne à l'ouvrage une silhouette curieusement asymétrique. Des anciennes fortifications, il ne reste que deux tours, élégantes malgré leurs dimensions : la tour des Pujols, au sud, qui s'illustra en 1593, lors du siège commandé par le marquis de Joyeuse, envoyé par Henri IV, et la tour de Paris, au nord, qui sut résister aux troupes de Mazarin au cours du siège de 1653.

Chaque quartier a son église. Sur la rive droite, Saint-Étienne date du

Fenêtres à meneaux et pignon aigu, la demeure Renaissance où naquit ▼ *l'écrivain La Boétie, à Sarlat.*

Saint-Dominique et de nombreuses maisons du XIVe siècle, dont certaines ont des baies gothiques, parfois géminées comme celles de la « maison du Chapitre », qui servit de grange aux dîmes. Toutes ces constructions — de mêmes dimensions à l'origine — ne sont pas mitoyennes : elles sont séparées par un petit espace, appelé « androne », qui servait de coupe-feu... et de vide-ordures.

Sarlat, joyau du Périgord noir

Au pied de coteaux couverts de pierres et de bois sombres, l'ancienne capitale du Périgord noir, Sarlat (dont le nom exact est maintenant Sarlat-la-Canéda), niche au creux d'un vallon ses vieilles maisons couvertes de lauzes grises ou d'ardoises bleues. Ici, pas de château, mais une cité bourgeoise, naguère opulente, qu'enrichit jusqu'à la fin du XVIIe siècle le commerce de la toile de chanvre. À l'abri de ses remparts, elle a subi sans trop de dommages guerres et invasions, et elle apparaît aujourd'hui remarquablement conservée.

Enserrée par de larges boulevards qui occupent l'emplacement des anciens fossés, la ville dresse, de part et d'autre de « la Traverse » — une rue tracée au cordeau par un intransigeant urbaniste du XIXe siècle —, ses ruelles et ses places tranquilles, ses nobles hôtels et ses logis cossus. Portes ogivales, arcades en plein cintre, façades à pans de bois, fenêtres à meneaux finement ornementés, gracieuses tourelles d'angle : la découverte de la vieille cité est riche en trouvailles. Deux magnifiques demeures de la Renaissance méritent une mention particulière : celle où naquit l'humaniste Étienne de La Boétie, grand ami de Montaigne, avec sa façade richement sculptée, et l'hôtel de Maleville (ou de Vienne), avec ses trois corps de logis, son escalier à vis et son toit de pierres plates, hardiment incliné.

Dominant le fouillis des toits, vingt tours pointent vers le ciel, mais aussi deux clochers, celui de l'ancienne cathédrale Saint-Sacerdos, reconstruite au XVIe et au XVIIe siècle, et celui de l'église Sainte-Marie, élevée, comme la plupart des édifices sarladais, après la guerre de Cent Ans et bien éprouvée par la Révolution.

Le plus ancien monument de la ville est aussi le plus curieux. Bâti au XIIe siècle en souvenir du miracle effectué par saint Bernard de Clairvaux lorsqu'il guérit des pestiférés, il a la forme d'un pain de sucre ceinturé de bandeaux. La salle du rez-de-chaussée possède une porte, mais celle de l'étage, que ne dessert aucun escalier, a des ouvertures trop étroites pour qu'un homme puisse s'y glisser. On suppose, sans en être bien sûr, qu'il s'agit d'une « lanterne des morts », la chambre du bas servant de dépositoire, tandis qu'une lampe qui restait allumée toute la nuit était introduite, à l'aide d'une échelle, dans la pièce du haut.

début du XVIIᵉ siècle. Sur la rive gauche, Sainte-Catherine, construite au début du siècle aux frais d'un enfant du pays, le ministre de la Marine Georges Leygues, est assez surprenante : en brique rouge, de style romano-byzantin, elle est ornée de vitraux du XVᵉ et du XVIᵉ siècle provenant de l'église qu'elle a remplacée. ■

Sur les traces d'Henri IV

À l'écart des grandes routes, aux confins de l'Agenais et des Landes, au pied des collines de l'Armagnac, *Nérac* se mire dans la Baïse en rêvant à son glorieux passé : jadis capitale du pays d'Albret, elle appartenait à la famille de Béarn et fut, au XVIᵉ siècle, le siège d'une

▲ *Le moulin fortifié de Barbaste défendait le pont gothique qui franchit la Gélise.*

cour royale où se succédèrent Marguerite d'Angoulême, sœur de François Iᵉʳ et auteur de « l'Heptaméron », Jeanne d'Albret, mère d'Henri IV, et la reine Margot, première épouse du roi de Navarre, qui y passa la plus grande partie de sa jeunesse et y établit son quartier général lorsqu'il n'était pas encore roi de France et guerroyait contre les catholiques.

Du château royal, de style Renaissance, il ne reste qu'une aile (sur quatre), avec une tourelle octogonale, servant d'escalier, et une élégante galerie couverte aux colonnes torses. Heureusement, la ville a conservé plusieurs maisons anciennes, des hôtels particuliers et un pont gothique en dos d'âne, qui témoignent de son passé.

Ce dont Nérac — qui fut aussi la patrie du président Fallières et de →

Le beau cloître gothique de l'abbaye
▼ *de Cadouin.*

Admirable Dordogne

Près de Sarlat, au pied d'un château planté sur un impressionnant à-pic de 90 m, coule une des plus belles rivières de France : la Dordogne, qui traverse d'est en ouest le département auquel elle donne son nom. Dans un cadre tout de grâce et de douceur, chacun de ses méandres cache un manoir Renaissance, une église romane, un prieuré gothique ou un village sorti tout droit du Moyen Âge.

Première attraction de l'inégalable promenade que constitue la descente de la vallée de la Dordogne depuis les environs de Sarlat jusqu'à Bergerac, le château de *Montfort* paraît invulnérable au sommet de sa falaise, au-dessus du cingle (méandre) auquel il a donné son nom. La forteresse primitive fut pourtant prise d'assaut et rasée en 1214 par Simon de Montfort. Reconstruit, l'ouvrage fut encore démantelé à trois reprises : pendant la guerre de Cent Ans, sous Louis XI et sous Henri IV. La plupart des bâtiments actuels, restaurés au XIXᵉ siècle, datent du XVIᵉ siècle : fenêtres à meneaux, tours de toutes les formes, toits pointus et créneaux de fantaisie.

Un peu plus loin, sur la rive gauche, la « barre » de *Domme* est un promontoire escarpé, d'où la vue s'étend de Montfort, en amont, jusqu'à Beynac, en aval. Tout le sommet est occupé par la bastide construite en 1283 sur l'ordre de Philippe le Hardi. La place étant limitée, l'enceinte n'est pas, conformément au plan classique, rectangulaire ou carrée, mais plutôt trapézoïdale. Cela n'empêche pas les rues de se couper à angle droit à l'intérieur des remparts, qui ont conservé la plupart de leurs tours de défense. On admire la vieille halle, la maison du Gouverneur, l'hôtel de ville; on visite les grottes, éclairées en lumière noire; on flâne sur la promenade des Falaises ou sur celle des Remparts; on évoque le routier huguenot Geoffroy de Vivans, qui, en 1588, s'empara de Domme en escaladant le versant le plus abrupt de la barre, que l'on n'avait pas cru nécessaire de fortifier, incendia l'église, démantela les tours et, pendant quatre ans, régna sur la ville, qu'il finit par revendre aux catholiques.

Sur la rive opposée, le pittoresque village de *La Roque-Gageac* s'étire entre un énorme rocher gris, couronné de chênes verts, et la rivière aux eaux tranquilles. Pressées les unes contre les autres, les maisons aux toits pentus, hérissées de lucarnes et enrubannées de treilles, semblent monter à l'assaut de la falaise. Elles sont flanquées de deux châteaux : celui de la Malartrie, d'aspect Renaissance, mais de construction moderne, et celui de Tarde, plus discret et plus authentique, blotti contre le rocher qui surplombe sa tour pointue.

De tous les sites pittoresques qui se succèdent par quelques kilomètres, le plus beau est peut-être celui de Beynac-et-Cazenac. Planté en nid d'aigle au sommet d'une falaise, à 150 m au-dessus de la langoureuse rivière qui coule à ses pieds, le château de *Beynac*, très

l'amiral Darlan — est la plus fière, c'est sa « Garenne », une splendide promenade qui, sur 2 km, déroule sa haute futaie d'ormes et de chênes séculaires le long de la rive droite de la Baïse. Dans ce cadre bucolique, une gracieuse statue de marbre rappelle la triste fin d'une amourette du Vert-Galant : Fleurette, une jolie jardinière, ne put supporter le départ de son royal séducteur et se noya dans la rivière.

En suivant le cours de la Baïse, on arrive bientôt à *Barbaste,* un gros bourg paisible dont l'histoire se confond avec celle de son moulin, qui, depuis longtemps, ne moud plus... Cela ne l'empêche pas d'avoir fière allure avec sa silhouette tout en hauteur, encore accentuée par quatre tours d'angle carrées, crénelées et fort rébarbatives. Commandant l'accès de la vallée encaissée de la Gélise, ce moulin fortifié fut élevé au rang de forteresse lors des guerres de Religion et reçut un hôte de marque, le futur Henri IV, qui, avec son humour habituel, se disait alors « lou moulié de las tours de Barbaste » (le meunier des tours de Barbaste). ■

De truffe sur champ de foie gras

Renommée à juste titre, la gastronomie périgourdine repose essentiellement sur des produits de haute qualité, patiemment mis au point au cours des siècles, mais dont la préparation reste assez simple.

Au premier rang trônent évidemment le foie gras, d'oie ou de canard, et la truffe, qui en rehausse le goût. Ici, le foie gras est produit

▲ *Cerné par les vignes d'un cru célèbre, le château de Monbazillac, ses toits d'ardoises tourmentés et ses lucarnes à deux étages.*

féodal avec son austère donjon crénelé, est flanqué d'un agréable manoir construit à l'époque de la Renaissance.

Beynac fut (avec Biron, Bourdeilles et Mareuil) l'une des quatre baronnies du Périgord, et sa position stratégique lui fit jouer un rôle important dans la lutte entre Capétiens et Plantagenêts. Au XIIIe siècle, la croisade contre les albigeois amena l'inévitable Simon de Montfort, qui rasa la forteresse primitive. Le seigneur de Beynac construisit alors le château qui, en dépit des quelques changements de camp habituels pendant la guerre de Cent Ans, subit peu de modifications : c'est la partie féodale de l'édifice que l'on visite aujourd'hui.

La double enceinte, les douves et les barbacanes ne défendent que le côté du plateau, l'à-pic sur la rivière étant inaccessible. La cour est dominée par un puissant donjon carré, percé de rares ouvertures, terminé par une terrasse crénelée et auquel s'accroche la fine tourelle d'un escalier à vis. Un corps de bâtiment, doté d'un chemin de ronde à mâchicoulis, fait communiquer ce donjon avec une autre tour, carrée, elle aussi, et plus jeune d'un siècle. À l'intérieur, il faut voir la salle des États, voûtée d'ogives, sa vaste cheminée Renaissance et son petit oratoire orné de fresques naïves.

En face, sur la rive gauche, au confluent du Céou, une des plus belles ruines du Périgord se dresse sur un promontoire : le château de *Castelnaud,* rival historique de Beynac, construit pour le surveiller. Les deux vieilles forteresses, postées chacune à une extrémité d'un tronçon rectiligne de la Dordogne, semblent encore se défier par-dessus le château plus récent de *Fayrac,* qui, avec ses grosses tours rondes et ses larges fenêtres, ses créneaux et ses balustrades, fait la transition entre le style féodal et celui de la Renaissance.

Castelnaud (qu'il ne faut pas confondre avec Castelnau, autre sentinelle de la Dordogne, située près de Saint-Céré), bâti en triangle sur un promontoire, fut, comme Beynac, investi et démantelé par Simon de Montfort et changea plusieurs fois de maîtres durant la guerre de Cent Ans. Ces aléas contribuèrent à renforcer ses tours et à fortifier ses murailles. Il est moins bien conservé que son rival, mais on découvre toujours, de sa terrasse, le magnifique panorama que contemplaient les croisés de Montfort lorsqu'ils montaient la garde...

En sautant d'une rive à l'autre...

Un peu plus bas, sur la rive gauche, voici *les Milandes,* un château de la fin du XVe siècle, entouré d'un parc où, il y a quelques années, jouaient des enfants de tous les continents, réunis par Joséphine Baker au « Village du monde ». Généreuse tentative philanthropique, qui se solda, hélas! par un échec financier.

Plus loin, sur la rive droite, à Saint-Cyprien, le beau château de *Fages,* de style Renaissance, mais décoré de douves, de remparts et de mâchicoulis, tombe en ruine, et le vieux village de *Limeuil,* juché sur une colline au confluent de la Vézère, n'a conservé de sa forteresse qu'un puits et des souterrains; trois portes de ville, de vieilles maisons et une église romane lui confèrent néanmoins un pittoresque aspect de bourg médiéval.

C'est sur la rive gauche, mais à l'écart de la rivière, près de la forêt de la Bessède, dans un vallon boisé, que s'élève la très belle abbaye cistercienne de *Cadouin.* Fondée en 1115, elle connut la célébrité dès 1117, lorsque l'évêque du Puy lui offrit ce que l'on croyait être le suaire du Christ : un drap de lin, orné de bandes dorées, trouvé à Antioche. Richard Cœur de Lion, Saint Louis et Charles V vinrent se recueillir devant la précieuse relique..., qui, en 1934, fut officiellement expertisée et reconnue fausse. Terminée en 1154, l'abbatiale dont l'aspect massif et le clocher pyramidal sont inattendus en Périgord, est bordée par un cloître gothique dont l'ornementation flamboyante tranche d'une façon saisissante avec la sobriété romane de l'église.

Nous retrouvons la rivière et ses châteaux avec le charmant village de *Badefols-sur-Dordogne,* qui avait jadis mauvaise réputation : sa forteresse servait de repaire à des seigneurs-pirates qui rançonnaient les gabares descendant vers la Gironde. Mais on ne navigue plus sur la Dordogne, et le château est en ruine...

Un vignoble célèbre

Un crochet dans la vallée de la Couze permet d'atteindre *Beaumont,* une bastide anglaise construite en 1272. Il ne reste qu'une seule des portes fortifiées, la place centrale a perdu une partie de ses cornières, mais les petites rues étroites sont joliment fleuries, il y a encore des maisons gothiques, et l'église-forteresse Saints-Laurent-et-Front a une grande allure avec ses quatre tours et son chemin de ronde. C'est la plus belle de toutes ces églises de bastide, qui servaient, tels des donjons, de dernier refuge à la population. Les tours du château voisin de *Bannes* (XVe-XVIe s.), qui surgissent des frondaisons au sommet d'un piton boisé, sont beaucoup moins intimidantes malgré leurs mâchicoulis décoratifs.

À quelques kilomètres de là, voici — pierres jaunes et tuiles brunes — le très curieux château de *Lanquais,* où les restes d'une forteresse du XVe siècle se fondent harmonieusement à un palais Renaissance d'une élégance tellement achevée qu'on l'attribue à des ouvriers venus du Louvre. Ses vastes salles aux cheminées monumentales abritent un beau mobilier.

artisanalement, par de petites exploitations familiales. Gavées au maïs, les oies d'un an passent, en trois semaines, de 6 à 10 kg environ, et leur foie pèse alors entre 600 et 900 g (ou plus). Triés, débarrassés de leur fiel, nettoyés et dénervés, les foies sont assaisonnés (c'est là que réside le secret de leur parfum inégalable!), truffés, cuits, dégraissés et mis en conserve. On les sert au début du repas, parfois avec une gelée au porto, mais surtout pas avec une salade : l'acidité du vinaigre détruirait leur goût délicat.

La truffe, « diamant noir » de la cuisine, comme l'appelait Brillat-Savarin, est un champignon qui se cache sous la terre, au pied de certains chênes. Appréciée des Anciens, elle disparut durant le Moyen Âge, réapparut

épisodiquement pendant la Renaissance et retrouva son rang sous Louis XIV. Autrefois, on se servait de porcs pour la repérer, mais on préfère maintenant utiliser des chiens spécialement dressés, qui ne cherchent pas à manger les truffes qu'ils découvrent. Le Périgord, qui était naguère une des plus grosses régions productrices de France, a vu sa récolte s'effondrer, depuis le début du siècle, de quelque 120 t à moins de 5 t. Ces dernières années, on assiste à un effort de redressement qui se traduit par la plantation de truffières.

Outre le foie, l'oie et le canard gras donnent aussi le confit, estimable sous-produit qui, presque inconnu en dehors du Sud-Ouest jusqu'aux années 60, se trouve maintenant dans toutes les épiceries de France. Accompagné de pommes

▲ *Périgueux : le haut clocher et les curieuses coupoles byzantines de la cathédrale Saint-Front.*

Bourdeilles : le donjon de la forteresse médiévale domine le gracieux château
▼ *édifié sous la Renaissance.*

Du coteau couvert de vignes sur lequel est bâti le château de *Monbazillac,* on domine la plaine généreuse de la Dordogne et on aperçoit au loin la rivière, baignant les quais de Bergerac. Datant de 1550, l'édifice allie la puissance de l'architecture militaire au charme d'un manoir de plaisance. Flanqué de tours rondes, ceinturé de douves sèches, il surprend par la hauteur de sa partie supérieure (au-dessus du chemin de ronde), couverte de tuiles rousses et percée d'une double rangée de lucarnes.

Monbazillac offre une autre particularité : dans ce pays, où, pendant des siècles, l'histoire n'est qu'une suite de sacs, de pillages et d'incendies, le château est resté intact. Il abrite maintenant un musée — consacré au protestantisme local, au mobilier périgourdin et aux arts et traditions populaires — installé par son nouveau propriétaire, la société coopérative des Caves de Monbazillac.

Car Monbazillac, c'est avant tout un cru célèbre, produisant un vin blanc liquoreux de renommée mondiale. Connu dès le XIIIe siècle, le monbazillac était expédié, par la Dordogne et la mer, en Angleterre, en Hollande, à Hambourg et à Dantzig. L'appellation « monbazillac » est aujourd'hui réservée au vin produit par les cinq communes de Monbazillac, de Rouffignac, de Pomport, de Colombier et de Saint-Laurent-des-Vignes, soit 3 000 ha pour 80 000 à 100 000 hl. Une particularité : les vendanges se font en deux ou trois cueillettes et durent généralement jusqu'au 10 novembre.

Deux villes : Bergerac et Périgueux

Bergerac, sous-préfecture, marché agricole et centre industriel en pleine expansion, s'étale de part et d'autre de la Dordogne, non loin de Monbazillac et de son vignoble. Edmond Rostand l'a rendue célèbre en faisant d'elle la patrie de son *Cyrano,* mais c'est aussi la capitale française du tabac, une plante dont la culture est délicate, astreignante et contrôlée avec une vigilance pointilleuse par les inspecteurs de la Régie. Au second étage de l'hôtel de ville, un intéressant musée du Tabac, unique en France, réunit tout ce qui concerne l'histoire, la fabrication et l'utilisation de l'« herbe à Nicot ».

Avec *Périgueux,* préfecture du département, nous abandonnons la Dordogne pour monter vers le nord et le Périgord blanc. Bâtie par les Gaulois dans la verdoyante vallée de l'Isle, autour d'une source sacrée, dans une boucle de la rivière, la ville, qui s'appela d'abord « Vésone », a conservé de son passé plusieurs monuments intéressants. Le plus original est une énorme église blanche, la cathédrale Saint-Front, du nom de son premier évêque. Achevée en 1173 (mais très restaurée entre 1850 et 1900), cette église est non seulement d'une taille exceptionnelle, mais d'un type très rare en France, le type

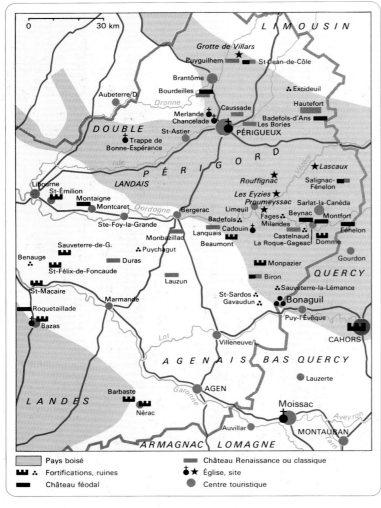

byzantin. Avec son plan en croix grecque, ses clochetons, ses cinq coupoles et son clocher de 60 m, elle ressemble à une mosquée. Le cloître, achevé au XVIe siècle, est mi-roman, mi-gothique. L'église Saint-Étienne-de-la-Cité, mutilée par les protestants, lors de la Fronde et sous la Révolution, est également du XIIe siècle, mais du plus pur style roman périgourdin.

Tout près, la tour de Vésone (24 m de haut, 17 m de diamètre), éventrée, est le seul vestige d'un temple dédié, au IIe siècle, à la déesse tutélaire. Antérieures d'un siècle, les arènes ovales, qui offraient jadis 20 000 places assises, mais dont il ne reste pas grand-chose, car elles servirent de carrière pendant des siècles, abritent aujourd'hui un square. À voir également, même au cours

de terre ou de petits pois sautés à la graisse d'oie et parfumés à l'ail, le confit est le plat de base de tous les restaurants périgourdins.

Autre plat traditionnel, l'omelette au lard et aux truffes, dont il faut user avec modération, surtout si l'on a commencé son repas par le tourin, une soupe faite à la poêle, dans laquelle la tomate joue le rôle essentiel. Avant de passer au mets suivant, on peut sacrifier à l'usage local en faisant « chabrol », c'est-à-dire en buvant, à même l'assiette, du vin rouge (bergerac ou cahors) mélangé au restant de potage. La soupe à l'ail est également délectable si l'on ne craint pas d'incommoder ses voisins.

Un mot pour signaler une spécialité en voie de disparition, la « mique », une pâte salée (brioche ou pâte à pain) cuite dans un bouillon

de légumes et de viande : bœuf, veau, poule ou petit-salé (le mieux est de combiner les viandes). L'onctuosité et la saveur d'une mique bien réussie font de ce plat u régal.

Le cèpe, roi des champignons — après la truffe! —, abondamment aillé et persillé, tient une grande place dans la cuisine périgourdine. La salade, préparée à l'huile de noix et parsemée de morceaux de pain frottés d'ail, ne peut qu'aider la digestion et permettre de goûter, in fine, au clafoutis traditionnel ou au gâteau de noix, que fera peut-être passer une eau de noix légère ou un eau-de-vie de prune plus corsée.

Au lendemain de telles agapes, le touriste au foie délicat aura toujours la ressource d'alléger son menu en se limitant aux côtelettes grillées du savoureux mouton des Causses... ■

d'une visite rapide : la chapelle Saint-Jean et sa voûte d'ogives en étoile à cinq branches; le château Barrière et son donjon (XIIe s.), édifiés sur un fragment du mur d'enceinte gallo-romain; les vieilles maisons (XVe et XVIe s.) du quai de l'Isle et du vieux Périgueux, entre Saint-Front et les allées de Tourny; et enfin la tour Mataguerre, bastion des fortifications du XVe siècle.

Promenade en Périgord blanc

En sortant de Périgueux par l'ouest, on peut descendre le cours de l'Isle jusqu'à *Saint-Astier* (église romane et maisons Renaissance) ou remonter celui de la Beauronne jusqu'à *Chancelade*, où une abbaye fut fondée au XIIe siècle dans un site tout de fraîcheur, au pied des coteaux. Il en reste quelques bâtiments conventuels, dont l'un abrite un musée d'art religieux, et l'abbatiale; remaniée au XVIIe siècle, celle-ci a conservé, sur la croisée, un beau clocher roman. Romane également la charmante chapelle Saint-Jean, au portail en plein cintre.

Un peu plus loin, dans un frais vallon de la forêt de Feytaud, l'ancien prieuré de *Merlande*, construit par les moines de Chancelade, fut, lui aussi, détruit et rebâti à plusieurs reprises, et sa chapelle romane a des allures de forteresse.

En remontant vers le nord, nous retrouvons les châteaux du Périgord à *Bourdeilles*, l'une des quatre baronnies périgourdines. Ils sont deux côte à côte, sur le même rocher dominant la Dronne : une forteresse médiévale en ruine, au fier donjon polygonal, et un logis de la Renaissance, somptueusement décoré, abritant une remarquable collection de meubles, de tapisseries, de tableaux et d'objets d'art.

Encore un couvent près de Villars, l'ancienne abbaye cistercienne de *Boschaud*, dont il ne reste que des ruines, à côté du castel Renaissance de *Puyguilhem*, un petit chef-d'œuvre d'architecture qui n'a rien à envier aux palais du Val de Loire.

À l'est de Périgueux, le Périgord blanc est tout aussi riche en châteaux : *Caussade*, enfermé dans son enceinte octogonale, flanquée de tours carrées; *les Bories*, avec leurs douves, leurs tours rondes et leurs mâchicoulis; *Rastignac*, construit au début du XIXe siècle et copie conforme de la Maison-Blanche de Washington... à moins qu'il ne lui ait servi de modèle; *Badefols-d'Ans*, féodal à souhait et fort restauré; *Hautefort*, le plus imposant, très « Grand Siècle » avec ses dômes à lanternon, ses fortifications de fantaisie, sa cour d'honneur, ses jardins à la française et son parc magnifique; *Excideuil*, enfin, une ruine altière dont les deux donjons carrés, couronnés de broussailles et réunis par une haute courtine, se dressent au sommet d'une butte, à côté d'un logis du XVIe siècle.

▲ *Chancelade : l'ancienne abbatiale est devenue église paroissiale, et le logis de l'abbé abrite un musée.*

sur les routes des vins
de Bordeaux

*E*talée au bord d'une large courbe de la Garonne,
tournée vers l'Océan,
Bordeaux doit à sa vocation maritime et au négoce des vins
sa richesse et sa prospérité.
Ses nombreux monuments en font une ville fort attrayante.

◄ *Au cœur de Bordeaux,*
la porte fortifiée de
la « Grosse-Cloche »
remonte au Moyen Âge.

▲ Le port de Bordeaux :
navires à quai,
grues géantes et,
en toile de fond,
la silhouette
de l'église
Saint-Michel.

◄ Un fronton courbe
à tête de fleuve
et paré de gracieuses
figures féminines
surmonte
la fontaine de
l'hôtel de la Douane.

*Sur l'esplanade ▶
des Quinconces,
une des plus vastes
places d'Europe,
le monument
des Girondins
supporte
une statue
de la Liberté.*

*La place
Tourny,
de plan
circulaire,
ses bâtiments
datant
du siècle
des lumières
et la statue
du marquis
de Tourny. ▼*

*L'épanouissement de Bordeaux
fut surtout l'œuvre des intendants qui,
représentant le pouvoir central
au XVIIIᵉ siècle,
firent aménager des cours ombragés,
des places spacieuses,
et construire
de hautes maisons en pierre de taille.*

*La place de la Bourse : ▶
de riches demeures à frontons sculptés
et campaniles, et la fraîche fontaine
des Trois-Grâces, entourée de fleurs.*

Émergeant des vignes ▲
de Saint-Émilion,
les « Grandes
Murailles »,
simple pan de mur
aux baies gothiques
d'un ancien couvent.

Entouré ▶
de son vignoble,
le château d'Yquem
qui produit
un blanc célèbre,
premier grand cru
du Sauternais.

*Dix fois plus étendu que celui de Bourgogne,
le vignoble bordelais produit près de la moitié des vins fins de France,
vins rouges et blancs subtils, distingués, bouquetés,
à la robe lumineuse, au renom universel.*

« La vigne doit ▲
voir la rivière » :
les côtes de Bourg
débouchent
en rangs serrés
sur les larges
horizons moirés
de la Gironde.

Sentinelle ▶
de la vallée
de la Dordogne,
le château de Vayres,
forteresse médiévale
heureusement égayée
par des aménagements
ultérieurs.

Cerné de fossés, ▶▶
le château
de Labrède
conserve
pieusement
le souvenir
de Montesquieu,
qui y résida.

Dans ce terroir vigneron,
paisible et plutôt porté
vers le bien-vivre,
des châteaux rappellent,
de-ci de-là, au fil des vallées,
l'insécurité des temps anciens.

▲ *Lorsque vient le temps
de récolter le précieux raisin,
à Saint-Julien, en haut Médoc...*

*En terre médocaine,
le château d'Agassac,
▼ flanqué de tourelles.*

De part et d'autre des cours de la Dordogne et de la Garonne, ainsi que sur les deux rives de la Gironde, leur estuaire commun, s'étend le plus vaste des vignobles de vins fins du monde : le vignoble de Bordeaux. Sur 110 000 ha, les ceps se multiplient à l'infini, formant une mosaïque dont les couleurs changent au fil des saisons. Dix fois plus grand que celui de Bourgogne, cinq fois plus que celui de Champagne, ce domaine viticole produit à lui seul près de la moitié des vins fins de France, et sa récolte annuelle équivaut à environ 500 millions de bouteilles. « Seuls, constate le géographe Ph. Roudié, les vignobles de masse méditerranéens ou américains ont une étendue analogue ou supérieure, mais aucun ne peut prétendre produire des crus aussi renommés que ceux du Bordelais, pas plus qu'ils ne peuvent se vanter d'une aussi belle capitale. » De fait, sur ces vins d'appellations « bordeaux » et « bordeaux supérieur », Bordeaux, dont le négoce fit la prospérité, règne en souveraine.

Du temps du « claret » à celui des châteaux

Un climat modéré par l'Océan et une grande diversité des sols — ici des collines calcaires, là des graviers ou du sable — ont déterminé le caractère particulier des vins girondins, dont la tradition est fort ancienne. Ce pays accueillit vraisemblablement la vigne dans la seconde moitié du Ier siècle de notre ère. Né du cépage *basilica,* qui, plus tard, s'appela *biturica* — du nom d'une peuplade celtique (les Bituriges-Vivisques) installée trois siècles av. J.-C. à l'emplacement du futur Bordeaux —, le vignoble fut aussitôt réputé : « Ô Bordeaux, ma patrie, célèbre par ses vins! », chantait déjà le poète latin Ausone. Puis ce furent les grandes invasions, suivies de longs siècles de ténèbres. C'est au bas Moyen Âge que la culture de la vigne et le commerce des vins redevinrent florissants. De cette époque, placée sous le signe de la suzeraineté anglaise (en 1152, Éléonore d'Aquitaine épousa Henri Plantagenêt) date la véritable naissance du vin de Bordeaux. Les négociants bordelais se firent producteurs de vins dans la proche banlieue de la cité, et, par le biais de la Jurade, une puissante organisation municipale, ils contrôlaient non seulement la récolte locale, mais aussi la production venue du « haut pays », en amont de Langon (notamment de Cahors, Moissac et Gaillac), dont ils interdisaient pratiquement la commercialisation avant l'écoulement de la récolte girondine! Chaque année, dès le mois d'octobre, plusieurs centaines de navires se pressaient dans le port, où s'accumulait la récolte de ce qui était le plus grand vignoble du monde. Le chroniqueur Froissart évoque l'entrée dans le « port de la Lune » (ainsi surnommait-on Bordeaux en raison de sa position sur l'arc de la Garonne) de deux cents navires venus charger une cargaison de vin nouveau.

Trois siècles plus tard, la région redevint française, ce qui aurait pu lui être fatal; mais, fidèles au *claret* (c'est le nom qu'ils donnaient aux vins de Bordeaux), les Anglais continuèrent de s'approvisionner par l'intermédiaire d'Irlandais, d'Écossais, d'Allemands et de Hollandais qui s'installèrent, en dehors de Bordeaux, dans un quartier marécageux assaini par les Chartreux et qui prit le nom de Chartrons. Ces étrangers relayèrent l'aristocratie marchande bordelaise, compromise

Boire et déguster

Les différentes bouteilles pour le bordeaux sont les suivantes :
— demi-bouteille (37,5 cl);
— bouteille (75 cl);
— magnum (2 bouteilles = 1,5 l);
— double magnum (4 bouteilles = ? l);
— jéroboam (6 bouteilles = 4,5 l);
— impériale (8 bouteilles = 6 l).

La qualité du vieillissement du vin de Bordeaux est d'autant plus assurée que le récipient est grand. L'idéal serait donc l'impériale, mais on devine les inconvénients pratiques de cette bouteille géante. Aussi a-t-on, en Gironde, un faible pour le magnum.

L'Académie du vin de Bordeaux recommande l'emploi de verres en cristal léger de forme ovale : les verres « tulipe ».

Mais attention, il ne faut remplir le verre qu'au tiers de sa contenance; il faut le tenir *par le pied* et imprimer au vin contenu dans ce verre un mouvement de rotation, car lorsque le vin revient au calme, « la fine pellicule de vin qui enrobe la paroi du verre s'assemble en lourdes larmes transparentes et grasses qui glissent lentement sur le cristal et dessinent derrière elles de longues traînées appelées les « jambes » du vin... Selon qu'elles sont nombreuses et serrées les unes contre les autres ou qu'elles sont rares et écartées, on en déduit le degré de maturité, de « gras », signe précurseur d'onctuosité. Dans les vins les plus riches, des jambes plus courtes succèdent aux premières et le verre pleure sans fin à l'émerveillement du dégustateur » (Edouard Kressmann). ■

▲ *Déguster le vin de Bordeaux est tout un art, dont le maître de chai connaît les secrets.*

par son anglophilie, et c'est ainsi que commença le règne des négociants-exportateurs des Chartrons, auxquels se joignirent plus tard des huguenots, qui tissèrent avec les pays nordiques, où s'étaient réfugiés leurs coreligionnaires, un réseau d'amitiés commerciales.

Les vins des palus (cordons alluviaux séparant les marais de l'eau vive) de la Gironde et de la Garonne, ceux des Graves et de Saint-Émilion connurent les faveurs de la clientèle bien avant les médocs, dont le grand essor ne vint qu'avec l'apparition des *crus*,

sous le règne de Louis XIV. C'est à cette époque en effet que fut instaurée une politique de qualité, axée sur la technique du vieillissement. Le renom des crus bordelais put dès lors conquérir le monde : à Londres furent nommément désignés, parmi les *french clarets*, les lafite, margaux, latour et haut-brion; en France, le maréchal de Richelieu, gouverneur de Guyenne, introduisit ces vins dans les fêtes et soupers donnés à la Cour. On apprit à ne plus seulement boire le vin, voire à le lamper, mais à le déguster, et produire des « vins vieux » de qualité supérieure devint le souci du reste du vignoble girondin.

Si la Révolution mit un terme à cette ère de prospérité en ralentissant le commerce, une nouvelle expansion commerciale s'amorça avec le second Empire : celle des Chartrons. À l'occasion de l'Exposition universelle de 1855 fut établi un classement des crus, destiné à mettre hors concours un certain nombre d'entre eux. Cinq catégories furent créées, à la tête desquelles se situèrent les « premiers grands crus classés » : trois médocs (lafite, margaux et latour); un graves (haut-brion) et un sauternes (château-d'yquem). Suivaient les « deuxièmes grands crus classés », « troisièmes grands crus classés ». Depuis, le prestige des crus de Bordeaux n'a fait que croître. Vins rosés et clairets, vins blancs secs, demi-secs ou liquoreux, vins rouges légers ou corsés, l'éventail des vins répond à tous les mets dont ils sont les compagnons bouquetés et raffinés. Aujourd'hui, 143 pays étrangers en importent, ce qui a valu en 1973 le chiffre de 833 000 hl quittant la France — plus de 100 millions de bouteilles!

Un aristocratique terroir

De la banlieue de Bordeaux jusqu'à la pointe de Grave, entre la Garonne, puis la Gironde, à l'est, et l'Océan à l'ouest, s'étend un pays demeuré longtemps mystérieux. C'est le *Médoc* au nom prestigieux. Protégé des vents marins par la forêt landaise, le vignoble médocain, aux pieds taillés bas pour bénéficier de la chaleur emmagasinée par le gravier, produit une large gamme de vins, ce qui a conduit à établir une hiérarchie entre eux : « grands crus », « crus bourgeois supérieurs » et « crus bourgeois ordinaires ».

À la pointe de cette presqu'île triangulaire, au nord d'une ligne Vertheuil-Saint-Seurin-de-Cadourne, le terroir bénéficie de la simple appellation *médoc* et ne compte que des « crus bourgeois » répartis sur onze communes. Au sud de cette zone commence, pour finir aux portes de Bordeaux, le *haut Médoc*, domaine des châteaux solitaires, cachés par des boqueteaux, qui fournit des grands vins aux appellations communales renommées (margaux, pauillac, saint-estèphe, saint-julien, listrac et moulis) et des rendements limités aux

▲ À Saint-Estèphe,
le château Cos-d'Estournel,
une curieuse architecture
animée de clochetons.

Quelques grands millésimes

L'Académie du vin de Bordeaux a établi un *Code des millésimes* donnant une idée de la qualité des vins de la Gironde pour les quarante dernières années. Celui-ci indique, en fonction des années, le type du vin et quand il faut le boire.

— vins rouges :
1870, 1874, 1875, 1877, 1893, 1899, 1900, 1904, 1920, 1924, 1928, 1929, 1934, 1937, 1945, 1947, 1948, 1949, 1952, 1953, 1955, 1959, 1961, 1962, 1964, 1966, 1967, 1970, 1971.

— vins blancs :
1874, 1890, 1893, 1896, 1899, 1900, 1904, 1906, 1914, 1916, 1921, 1924, 1926, 1928, 1929, 1934, 1937, 1943, 1945, 1947, 1948, 1949, 1955, 1959, 1961, 1962, 1967, 1970. ■

*De belles proportions,
le château Margaux
est surtout connu pour son vin,*
▼ *grand cru du vignoble médocain.*

alentours de 40 hl à l'hectare. Seuls sont autorisés les cépages suivants : cabernet-sauvignon (dominant dans les «grands crus», auxquels il apporte finesse, race et bouquet), merlot (qui confère le velouté), malbec et petit verdot. En fait, le haut Médoc étire le long de l'estuaire, sur une bande longue de 80 km et large de 10 à 15 km, une impressionnante coulée de vignes qui se serre sur des croupes caillouteuses orientées vers le fleuve. Morcelé entre de petits propriétaires et d'importants châtelains, ce vignoble, où le vin blanc est l'exception, est parsemé de somptueuses demeures et de maisons sans grand caractère, de «chartreuses» — ces petits châteaux typiques du XVIIIe siècle et du début du XIXe, qui furent bâtis par les aristocrates à l'écart des bruits de la ville et qui, en général, se présentent comme des demeures sans étage ouvrant sur une terrasse ou sur un jardin — et de basses «échoppes» non moins girondines.

En ces lieux règnent «quatre grands», seigneurs incontestés. Jusqu'en 1973, ils étaient trois : château-lafite, château-latour et château-margaux. Depuis, un quatrième les a rejoints : mouton-rothschild, rejeté au classement de 1855 en tête des «deuxièmes grands crus classés» et qui, du coup, avait pris, en la modifiant, la fière devise des Rohan : «Premier ne puis, second ne daigne, Mouton suis.» Cette devise est aujourd'hui devenue : «Premier je suis, second je fus, Mouton ne change.»

Sur les routes du Médoc

Quand, quittant la région des polders, conquise par des ingénieurs flamands il y a trois cents ans, on se dirige vers Bordeaux, des poteaux portant des noms célèbres s'élèvent au bord des routes. D'abord, *Saint-Estèphe,* juché sur un mamelon au milieu d'un océan de vignes avec son étrange Cos-d'Estournel aux pagodes orientales et insolites; non loin, *Vertheuil* et son église (XVe s.), dont le portail roman présente sur les voussures sculptées des scènes de viticulture. À *Pauillac,* avant-port de la métropole bordelaise, la liste s'allonge : *Lafite-Rothschild,* un nom qui évoque un vin, le «prince des vignes», mais aussi une noble maison avec fossés et pont-levis et dont la terrasse, à l'ombre de cèdres centenaires, domine les terres possédées au XVe siècle par le duc de Gloucester, puis par Dunois, compagnon d'armes de Jeanne d'Arc. Près de là, un vignoble de 70 ha : *Mouton,* avec l'ancienne ferme des Lafite, acquise en 1853 par le baron Nathaniel de Rothschild. Le petit-fils de ce dernier a créé, à la gloire de ce nectar, un magnifique musée.

Siège d'une des plus anciennes seigneuries médocaines, déjà mentionnée par Froissart, le *château Latour* passa, au XVIe siècle, comme la plupart des terres médocaines, des mains de la noblesse à

celles des marchands et des parlementaires. Ceux-ci introduisirent dans l'exploitation du vignoble la notion de rentabilité. Ainsi, Latour appartint aux Ségur, dont le rôle fut capital dans la naissance des grands vins : ils pratiquèrent régulièrement le soutirage, l'ouillage et la recherche du vieillissement.

Le musée du Vin

Réunir des objets d'art créés pour le vin et inspirés par lui, tel a été le projet du baron et de la baronne Philippe de Rothschild, qui ont, des années durant, accumulé des trésors dans un bâtiment jouxtant les caves où vieillissent, à Pauillac, les grands vins du château Mouton-Rothschild. Le visiteur y découvre des salles aux carreaux de céramique rosée, surmontées de plafonds à solives apparentes. Les vitrines, tendues de soie beige ou bleutée, mettent en valeur des gobelets d'or sassanides et des coupes égyptiennes d'albâtre, des bouteilles de faïence de la Perse médiévale et des verres de Venise du XVIIe siècle, une statuette de vermeil représentant un vendangeur, œuvre d'un maître allemand du XVIe siècle, et une extraordinaire collection de

▲ *Parmi les trésors du musée du Vin, aménagé dans le château Mouton-Rothschild, de précieuses aiguières du XVIIe siècle.*

coupes en vermeil datant de la Renaissance, des gobelets de chasse en corne de bouquetin (XVe s.) et un flacon à tête de bélier, pièce de vermeil de Jacob Schenauer, des verseuses de jade travaillé par des artisans mongols...

Ici, une tête hellénistique de Dyonisos en ivoire; là, des récipients précolombiens. Orné de grappes de raisin, le salon du dernier doge de Venise voisine avec des vases cérémoniels d'orfèvrerie provenant de la célèbre collection de Karl von Rothschild.

Et, sur les murs blanchis à la chaux, se détachent de somptueuses tapisseries du XVe siècle illustrant les étapes de la fabrication du vin, cependant que des tableaux flamands alternent avec des œuvres de Juan Gris ou de Rouault et des sculptures modernes. ■

Quand on entre dans la commune de *Saint-Julien,* une inscription prévient : « Passant, vous entrez dans l'antique et célèbre cru de Saint-Julien... » On a coutume de dire que ces vins tiennent le milieu entre ceux de Pauillac, corsés et pleins de sève, et ceux de Margaux, colorés, fins et suaves. Le parfum, la robe et la richesse des saint-julien font l'admiration des connaisseurs et, si le château-ducru-beaucaillou, par exemple, est le type même de ces vins célèbres, le château-de-beychevelle en est le plus illustre par son ancienneté et par la grâce d'une blanche « chartreuse » Louis XV. Propriété des comtes de Foix-Candale, puis, au XVIIe siècle, du duc d'Épernon, grand amiral de France, la demeure ouvre, par une élégante façade au fronton sculpté, sur une terrasse qui domine le vignoble et, au-delà, découvre les eaux de la Gironde. Ici, comme partout, se vérifie le dicton : « Pour que le vin soit bon, la vigne doit regarder la rivière, mais ne point s'y baigner. »

Cette rivière — le Bordelais ne dit jamais le fleuve —, Vauban en fortifia les accès afin de protéger Bordeaux : ainsi, à quelques kilomètres de Saint-Julien, sur les bords de la Gironde, *Fort-Médoc* rappelle le souvenir de ce commissaire général des fortifications qui combina habilement les feux croisés de ce fort avec ceux de la citadelle de Blaye, située sur la rive droite, et avec ceux d'une autre petite forteresse construite sur l'île Pâté, qui lui fait face. Du bastion de Fort-Médoc, on admire les jeux du soleil sur la Gironde.

Plus au sud, l'aristocratique *château Margaux* affirme sa prééminence : par la qualité de son vin, dont la réputation remonte au premier quart du XVIIIe siècle, grâce au marquis d'Aulèdes, qui, lui aussi, révolutionna la viticulture médocaine, et en outre par son ancienneté, puisque la terre appartint au roi Edouard III d'Angleterre et, par la suite, à la famille d'Henri IV de France. C'est en 1802 seulement que fut édifié ce château sévère et majestueux. L'escalier monumental à double volée et le péristyle ionique contrastent avec les « chartreuses » aimables du siècle précédent. Un jardin à l'anglaise vient toutefois adoucir l'austérité de l'ensemble. Sait-on que, sur le domaine de l'un des plus célèbres vins rouges du monde, le propriétaire a la coquetterie de produire un vin blanc sec et fruité?

Au sud du château Margaux, on passe à *Cantenac,* où s'élève le charmant château d'Issan (XVIIe s.), en bordure d'un « palus », puis à *Ludon-Médoc,* où un château médiéval, flanqué aux angles de tourelles, se mire dans de larges douves. Avant Bordeaux, une halte s'impose à *Blanquefort,* où, sur une éminence, se dressent les ruines d'une forteresse de la fin du XIVe siècle : une enceinte avec de puissantes tours et les restes d'un donjon flanqué de six tours rondes.

Au pays du chevalier-troubadour

Il suffit de traverser la Gironde, déjà large de plus de 3 km, en empruntant la navette fluviale qui relie Lamarque à Blaye, au nord de l'île Verte, pour découvrir d'autres vignobles, moins prestigieux certes, mais dont les vins ne manquent pas d'agrément. Sur les

▲ *Au bord de la Dordogne,*
Libourne est, depuis des siècles,
un important marché des vins
de la région.

Un pèlerinage littéraire

Pour l'amateur d'histoire littéraire, le Bordelais est plein d'attraits. Du poète gallo-romain Ausone, qui, en son temps, se fit le chantre de son Bordeaux natal et de ses vignobles, une rue porte le nom. Mais plus de souvenirs nous restent de Michel Eyquem de Montaigne (1533-1592). Le vestibule de l'ancienne faculté des lettres abrite son tombeau. Rue Fauré, on peut encore voir le vieux logis familial. Mais c'est à 125 km de Bordeaux, sur la Dordogne, que le *château de Montaigne*, où naquit et mourut l'écrivain, garde précieusement son souvenir.

Non moins illustre penseur, Charles de Montesquieu (1689-1755) a laissé en cette région bien des marques de sa présence. À Bordeaux, des statues, des portraits

coteaux de la rive droite de la Dordogne et de la Gironde poussent depuis bientôt deux mille ans des plants produisant un vin qui fut, pendant quelque temps, parmi les plus recherchés.

De Blaye à Libourne, un pittoresque parcours permet de traverser ces vignobles qui, selon l'emplacement, bénéficient des appellations «côtes-de-blaye», «blaye» ou «blayais» (pour des vins blancs secs et fins qui accompagnent parfaitement coquillages et crustacés); «premières-côtes-de-blaye» ou «blaye» (il s'agit de rouges harmonieux, souples et fruités); «côtes-de-bourg» (ce sont des rouges colorés et corsés). Au milieu de ces vignes s'élèvent de petites bourgades où l'histoire a laissé son empreinte. Les deux plus importantes sont Blaye et Bourg. *Blaye* est un port plein d'attrait, fréquenté par voiliers et bateaux de pêche. Mais le principal centre d'intérêt demeure sa citadelle, qui a pris la suite d'un *castrum* romain et d'un château de légende. Cette cité perchée a toujours été fort convoitée à cause de sa situation au-dessus du fleuve (45 m) et face à l'immense et plat Médoc. Telle qu'elle apparaît aujourd'hui, longue d'environ 1 km, protégée du côté des terres par des bastions et un fossé, accessible par deux portes, elle est l'œuvre du XVIIe siècle, qui, en deux phases, détruisit la précédente place forte. Vauban l'acheva en 1689.

La légende a fait de Blaye le lieu de repos de la «belle Aude», enterrée dans l'abbaye Saint-Romain auprès de son fiancé, Roland le Preux, comte de Blaye. Plus historiques sont les ruines du château médiéval où naquit et vécut, au XIIe siècle, Jauffré Rudel, le chevalier-troubadour épris de Melissende, la princesse lointaine de Tripoli, qu'il rejoignit pour mourir dans ses bras. Historique aussi la maison qui, au cœur de la citadelle, abrita l'impétueuse duchesse de Berry, recluse sous la surveillance soupçonneuse du maréchal Bugeaud.

La route de Blaye longe le fleuve, passe par *Plassac*, où l'on peut voir une belle mosaïque romaine, et atteint *Bourg*, installée en partie au sommet de la falaise et en partie au bord de l'eau. Jadis fortifiée, la petite capitale des vins du Bourgeais — ce petit pays, pour son relief, a été baptisé «Suisse girondine» — conserve dans sa ville haute des fragments de son enceinte du XIIIe siècle, et, de sa terrasse ombragée de tilleuls et d'ormeaux, la vue est superbe sur le confluent de la Garonne et de la Dordogne, c'est-à-dire sur le Bec d'Ambès, industrialisé, où se côtoient les raffineries de pétrole. À quelques kilomètres seulement, tournant le dos à Bourg-sur-Gironde, que les caprices et les alluvions du fleuve ont désormais placée sur... la Dordogne, la préhistoire est présente à Marcamps avec les grottes de *Pair-non-Pair*, creusées dans les versants calcaires de la vallée du Moron, cavernes pleines d'intérêt à cause de leurs gravures remontant à l'âge de la pierre taillée.

Aux vignobles du Blayais et du Bourgeais succèdent, toujours sur la rive droite de la Dordogne, à une quinzaine de kilomètres en amont du Bec d'Ambès, ceux du Cubzaguais, qui, eux-mêmes, annoncent ceux du Fronsadais. Les vins sont ici des rouges bouquetés et fins, fameux pour leur finesse, et des blancs secs. *Saint-André-de-Cubzac*, la capitale de ce terroir, fut longtemps, pour les automobilistes, un des plus célèbres «points noirs» de la route Paris-Pyrénées, avec le passage de la Dordogne par le pont étroit hardiment construit par Eiffel. Ce n'est plus que mauvais souvenir depuis la mise en service d'un nouveau pont : il n'a qu'un tort, celui d'éloigner les touristes des ruines du château médiéval (VIIIe s.) des quatre fils Aymon, qui serait hanté par l'ombre de Merlin l'Enchanteur. En revanche, on peut visiter l'élégant manoir du Bouilh, construit autour du prieuré des bénédictins, aujourd'hui disparu. Il est l'œuvre, hélas inachevée, de Victor Louis, qui a conçu un pavillon aux belles boiseries Louis XVI et un hémicycle centré sur une chapelle de style néo-grec.

Des vignes encore...

Avec le Libournais — encore sur la rive droite de la Dordogne —, c'est de nouveau le pays des grands vins rouges. À l'ouest, Fronsac. Au nord, Pomerol. À l'est, Saint-Émilion, les côtes de Francs et celles de Castillon. Au sud, sur l'autre rive du fleuve, les Graves de Vayres et l'Entre-deux-Mers.

Au centre de toutes ces régions, là où l'Isle et la Dordogne mêlent leurs eaux, s'est établie *Libourne*, longtemps seconde ville du département avant d'être supplantée par les cités de l'agglomération bordelaise. Elle fut ville étape dans les migrations venues du Massif central. Il y a sept siècles, pour tenir tête à Fronsac, fidèle au roi de France, le sénéchal anglais Roger de Leyburn fonda cette bastide aux rues en damier. La ville, aujourd'hui encore, a gardé son cachet : la Grand-Place, bordée de couverts et de maisons anciennes, la tour du Grand-Port (XIIIe s.). Les remparts ont cependant cédé la place à des promenades ombragées. Un grand pont, long de 220 m, enjambe la Dordogne; il fut lancé par Napoléon.

Face à Libourne, le tertre de Fronsac domine de ses 72 m un paysage riant de coteaux calcaires parés de vignes, celles des côtes-de-fronsac et côtes-de-canon-fronsac, aux vins rouges corsés, charnus, colorés mais souples.

Célèbre au XVIIIe siècle, Fronsac a vu se dresser un glorieux rival : *Pomerol*, sis sur un plateau. Son vignoble fut rapidement recherché pour ses produits, moins capiteux que ceux de Saint-Émilion, dont ils possèdent le bouquet, mais qui y joignent la finesse des médocs. Pomerol jouxte deux autres appellations : lalande-de-pomerol et néac.

ui rendent hommage; une rue a été baptisée «Esprit-des-Lois». À une vingtaine de kilomètres de la ville, au pays de Graves, le *château de La-brède*, dans son cadre de prairies et de bois, demeure tel que le connut Montesquieu, qui y écrivit *l'Esprit des lois*. Cette forteresse gothique, élevée au XIIe siècle et remaniée par les siècles ultérieurs, se présente comme un polygone ceinturé par de larges fossés formant plan d'eau. Les ponts-levis ont cédé la place à des ponts dormants, une partie des courtines a été détruite à la Renaissance — ce qui permet de voir la façade du corps de logis. À l'intérieur demeurent inchangées la chambre et l'immense bibliothèque (7 000 volumes), voûtée en berceau cambrisé, de ce philosophe-vigneron qui se préoccupait autant de la vente de son vin que de celle de ses ouvrages. «Le succès que mon livre a eu dans ce pays-là (l'Angleterre) contribue à ce qu'il paraît au succès de mes vins...»

Plus près de nous viennent à l'esprit les noms de Georges de Porto-Riche (1849-1930), de Jean Anouilh, né à Bordeaux en 1910, et surtout de François Mauriac (1885-1970), qui, dans la vie de sa province, trouva l'inspiration de nombre de ses œuvres.

Sur la rive droite de la Garonne, au sud-ouest de l'Entre-deux-Mers, un château dresse son austère façade vers l'immensité de la forêt landaise, qui est au-delà du fleuve : *Malagar*. «Même après ma mort, tant qu'il restera sur la terre un ami de mes livres, Malagar palpitera d'une sourde vie...» disait Mauriac en parlant de cette maison familiale qui domine vignes et pins. ■

▲ *Sur les toits roses de la vieille cité de Saint-Émilion veille l'église monolithe.*

L'église monolithe de Saint-Émilion : le portail au tympan mutilé, dominé par le clocher élancé.

Ici, une faible superficie de vignes se répartit entre un nombre impressionnant de propriétaires. Le seigneur, le château Pétrus, produit ainsi 25 tonneaux au plus, contre 200 à 250 pour les «grands» du Médoc.

Une structure identique se retrouve dans l'aire du *saint-émilion*, qui compte 8 communes : les deux tiers des exploitations ont moins de 6 ha! Paradis des touristes et des gourmets, le Saint-Émilionnais est le fief des vignerons, face à l'aristocratique Médoc. Terroir aux dimensions plus modestes, il avait été oublié dans la classification de 1855. Depuis 1954 s'effectue une distinction entre «premiers grands crus classés» et «grands crus classés». Au total, quelque quatre-vingts crus château : *ausone, canon, pavie* pour les vins de côtes, *cheval-blanc* ou *figeac* pour les vins de graves, tandis que quelques communes satellites ont reçu le droit d'ajouter à leur nom celui de Saint-Émilion. La vigne couvre en fait la totalité du territoire de l'ancienne juridiction de la Jurade. Celle-ci naquit à la fin du XIIe siècle lorsque le roi d'Angleterre, Jean sans Terre, octroya les libertés communales à une cité dont l'origine remontait au VIIIe siècle; un moine breton, Émilion, s'était en effet retiré dans un ermitage à même la falaise de ce plateau dominant la Dordogne.

Le site de *Saint-Émilion* est imposant, tant par le paysage qu'il découvre que par les richesses accumulées sur un si faible espace. Sur ce roc, il n'est de siècle qui n'ait laissé de témoignage : l'ermitage du saint et les catacombes; l'immense église souterraine creusée dans le roc dès le XIe siècle; le château du roi (XIIIe s.), dont la tour reçoit encore les jurats proclamant le «ban des vendanges»; le cloître des Cordeliers et la collégiale; les nombreuses maisons du XVe et du XVIe siècle; les galeries où se cachèrent, sous la Révolution, les girondins pourchassés par Robespierre. La flânerie dans les rues tortueuses pavées de granite ne cesse de réserver des surprises...

À l'est de Saint-Émilion règne encore la vigne. Les côtes-de-francs précèdent celles de castillon, où cohabitent rouges et blancs. C'est à *Castillon*, une toute petite commune, que se livra en 1453 l'ultime bataille de la guerre de Cent Ans.

L'Entre-deux-Mers

Sur la rive gauche de la Dordogne, la vigne est aussi présente. À l'extrême limite du département, l'appellation sainte-foy-bordeaux est réservée à des vins blancs moelleux, élégants, bouquetés. Ces coteaux ont été fréquentés par l'homme depuis la préhistoire; il en existe un précieux témoin, à mi-chemin entre Castillon et Sainte-Foy : *Montcaret*, où ont été mis au jour les magnifiques restes d'une villa gallo-romaine et divers objets désormais conservés dans un musée.

▲ *Élevage et viticulture harmonieusement accordés dans les paysages ouverts de l'Entre-deux-Mers.*

Également en deçà de la Dordogne, au sud-ouest de Libourne, surgit une nouvelle appellation : les *graves-de-vayres,* dont les vignobles, qui produisent des blancs secs ou moelleux, constituent une enclave dans la pittoresque région de l'*Entre-deux-Mers.* Celle-ci, étalée entre les deux fleuves où remonte la marée, alterne coteaux et vallées, prairies, cultures de tabac, vignobles et forêts que défrichèrent les moines au XIe siècle. Ici se trouvait la *sylva major,* dont La Sauve-Majeure conserve le souvenir. On verra aussi les belles ruines de l'abbaye romane aux admirables chapiteaux. Cet art roman se retrouve dans l'abbaye de *Blasimon* et dans l'église de *Castelvieil,* dont la porte est l'un des plus beaux spécimens de l'art saintongeais.

Dans cet Entre-deux-Mers, aux vins blancs secs et fruités, parfaits compagnons des fruits de mer, se situe le pays de Benauge, gardé par son impressionnant château, et l'on peut y voir, caractéristiques de l'urbanisme médiéval, les bastides de *Créon* et, surtout, de *Sauveterre-de-Guyenne.*

Sur les coteaux de la rive droite de la Garonne, le vignoble prend diverses appellations : *premières-côtes-de-bordeaux* pour les vins rouges, par exemple, tandis que, enclaves de vins blancs liquoreux, les *sainte-croix-du-mont* et les *loupiac* offrent leurs produits issus de cépages de sémillon, de sauvignon et de muscadelle.

Comme dans le reste de cette Gironde, terre d'art et d'histoire, on va des ruines imposantes du château de *Langoiran* aux remparts gothiques de *Rions;* de la villa gallo-romaine de *Loupiac,* qu'aurait habitée Ausone, au château de *Cadillac,* construit au XVIIe siècle pour le duc d'Épernon; de la terrasse de *Sainte-Croix-du-Mont,* qu'entourent des bancs d'huîtres fossiles, au château de *Malromé,* où mourut Toulouse-Lautrec, qui repose au cimetière de Verdelais. À trois kilomètres, *Malagar* est empreinte du souvenir de Mauriac, qui, de sa demeure, apercevait les toits de *Saint-Macaire,* bastide aux pierres dorées, riche de monuments gothiques et d'une église romane, cité médiévale parmi les plus attrayantes de tout le Sud-Ouest.

De Sauternes et des Graves

De sa terrasse de Malagar, François Mauriac pouvait ainsi contempler le plus illustre des vignobles, le *Sauternais,* pays des plus somptueux vins blancs liquoreux. Cette région de Sauternes et Barsac connaît une singulière vendange : on attend que le raisin ait dépassé la maturité et que, «confit», il soit attaqué par un champignon bénéfique, le *botrytis cinerea,* provoquant la «pourriture noble». Alors, un à un, les grains sont cueillis, délicatement, amoureusement. Suivent des soins à la mesure de cette lente et longue cueillette, au terme de laquelle est engendré un vin couleur d'or, où, selon Mauriac,

«flambe toujours le soleil d'un lointain été». Produit sans rival dont cour de Russie paya jusqu'à 20 000 francs-or le tonneau de 1847... U vin qui atteint à la perfection avec le *château-d'yquem,* classé en 185 en tête des 21 crus et dont la suprématie, affirmée dès le XVIe siècle – le château d'Yquem appartenait alors à une famille alliée Montaigne —, n'a jamais été contestée.

Le circuit du Sauternes permet de parcourir ce terroir privilégié e de voir le *château de Malle,* élégante demeure du XVIIe siècle au jardins en terrasses à l'italienne; les pittoresques *gorges du Ciron* bien méconnues; le *château Rayne-Vigneau,* où, dans le sol, se mêl agates et jaspes, onyx et cornalines, quartz et topazes.

Passés le sauternais et l'appellation voisine de *cérons,* aux vin blancs fruités et veloutés, on entre dans le domaine des *graves,* qu s'étend jusqu'aux portes de Bordeaux (au Moyen Âge, on vendangeai même dans la ville!) et qui produit des vins que Rabelais qualifiait d «galants et voltigeants». Si les Graves proches du Sauternais son toujours voués à ces vins blancs secs au parfum de noisette, le Graves du nord sont le domaine de vins rouges, légers et fins, qu furent à l'origine de la première fortune bordelaise.

C'est d'ailleurs un cru des Graves, le *château-haut-brion,* qu inaugura l'ère des vins de qualité, au début du XVIIIe siècle. Lorsqu s'amorça une «nouvelle société», raffinée, le Haut-Brion était déj célèbre par ses techniques de vieillissement. Aujourd'hui, Haut Brion, son vis-à-vis la Mission-Haut-Brion, ainsi que le domaine qu appartint au pape Clément V sont devenus à leur tour des vignoble en pleine ville, cernés par les maisons.

Métropole et ville d'art

Si c'est à sa situation géographique — le long de la Garonne, l'endroit de son dernier méandre important avant la mer — qu *Bordeaux* doit son destin maritime et commercial, c'est à la vign qu'elle est redevable de sa fortune. Et aujourd'hui encore, la vill demeure la capitale des grands vins.

Mais comment est née cette capitale, dans laquelle Victor Hug voyait un harmonieux mélange de Versailles et d'Anvers? D'abor simple castrum romain, l'antique *Burdigala* devint rapidement une ville considérable à la tête de la province qui s'étendait de la Loir aux Pyrénées. Au XIIe siècle, capitale du duché d'Aquitaine, elle pass avec lui sous la domination de l'Angleterre; une suzeraineté qui dur trois siècles, au cours desquels la prospérité de la cité all grandissant : «moins d'impôts et la vente des vins assurée». Aprè cela, la reconquête française ne fut pas sans créer des tensions! Pou assurer l'ordre et administrer Bordeaux, Louis XIV y établit u

pur et le plus raffiné. Le vestibule est remarquable par sa voûte à caissons et à rosaces. L'escalier d'honneur, à double volée, surmonté par une coupole pleine de hardiesse, inspira à Charles Garnier celui de l'Opéra de Paris. Plus riche dans la décoration, la salle de spectacle mêle l'éclat des ors à de délicates sculptures représentant bouquets et guirlandes. Son plafond en coupole, conçu par Claude Robin et repeint au début de ce siècle par Roganeau, représente la ville de Bordeaux portant son offrande à Apollon et aux Muses, ses filles. Tout aussi harmonieuse de proportions, la salle de concerts fut transformée sous le second Empire... au goût de l'époque; elle est devenue le Grand Foyer. Deux autres foyers, également dignes d'intérêt, complètent ce superbe ensemble. ■

▲ *Le Grand-Théâtre de Bordeaux, œuvre de l'architecte Victor Louis, avec son célèbre péristyle surmonté de douze grandes statues.*

À l'heure des festivités

Les deux principales fêtes sont, au mois de juin, la *fête de la Fleur* (la fleur de vigne, bien entendu) et, en septembre, la proclamation du *ban des Vendanges,* qui donne le signal du début de la cueillette du raisin.

Dans le domaine artistique a lieu au printemps le *Mai musical international* de Bordeaux. À l'automne, une autre manifestation bordelaise est également très suivie; il s'agit de *Sigma,* réservée aux recherches les plus modernes tant en matière musicale qu'en ce qui concerne le théâtre ou le cinéma.

Enfin, chaque année, depuis 1951, du mois de mai à la fin de l'été, une exposition est organisée au musée des Beaux-Arts, qui s'ordonne autour d'un grand thème (Goya, les primitifs méditerranéens, ...). ■

Arcs-boutants ajourés, hérissés de pinacles et de gargouilles, flèches aiguës lancées vers le ciel,
▼ *la cathédrale Saint-André de Bordeaux.*

gouverneur et des intendants. Ceux-ci firent en même temps œuvre d'organisateurs, métamorphosant la vieille cité fortifiée, cernée de terrains insalubres, en une ville aérée selon le goût de Paris et de Versailles. De larges avenues, de majestueux arcs de triomphe, un jardin public à l'emplacement d'un marais, des monuments dans le

style classique le plus gracieux... Cet épanouissement architectural, accompagné d'un rayonnement intellectuel incomparable, et qui tenait beaucoup au commerce colonial, fut freiné par la Révolution. La population régressa, le trafic maritime décrut. Le redressement ne s'amorça qu'après 1830 : on restaura les vieux monuments dont on dégagea les abords, on aménagea des jardins, on construisit au gré de la mode. Dès lors, Bordeaux ne cessa de s'agrandir, tout en respectant l'héritage du passé. À l'heure actuelle, modelée par les urbanistes, la métropole régionale de l'Aquitaine joint à son visage moderne l'empreinte de ce passé tour à tour opulent et tragique.

De l'époque gallo-romaine subsistent quelques vestiges du palais Gallien, cet amphithéâtre en pierre et brique du IIIe siècle qui accueillait 15 000 spectateurs sur ses gradins de bois. Le Moyen Âge a laissé plus de souvenirs. La porte Cailhau serait la seule survivance du palais du sénéchal : transformée en arc de triomphe pour célébrer la conquête de Naples par Charles VIII, elle fut restaurée au siècle dernier. L'ancien beffroi, dit «Grosse Cloche», s'élève à l'entrée de la rue Saint-James. La tour Pey-Berland, du nom de l'archevêque qui la fit bâtir, est le clocher isolé de la cathédrale Saint-André, le plus beau sanctuaire de Bordeaux.

Presque aussi vaste que Notre-Dame de Paris (124 m de long pour 44 de large), la cathédrale fut entreprise au XIe siècle et achevée au XVe. Les sculptures de la porte Royale sont parmi les œuvres les plus admirables du gothique; l'expression des visages, le mouvement des draperies font penser à Chartres ou à Reims. Le portail nord, aux motifs merveilleusement ciselés, le chevet gothique rayonnant, les deux tours nord surmontées de flèches élancées, hautes de 85 m, contribuent à la beauté de l'ensemble. Mais il faut surtout voir l'intérieur : le majestueux vaisseau, roman par les assises, gothique par la voûte en croisées d'ogives, le transept du plus pur gothique rayonnant, le chœur gothique, les stalles du XVIIe siècle, la chaire, en acajou et marbre, du XVIIIe.

Des temps médiévaux également date la basilique Saint-Michel, que la dernière guerre endommagea. Les dimensions, la puissance des voûtes lui donnent fière allure. Elle domine toute la partie méridionale de Bordeaux du haut des 114 m de son clocher, lui aussi isolé et que l'on appelle tour Saint-Michel. La crypte de cette tour offre un macabre spectacle qui impressionna Théophile Gautier et Victor Hugo : sont alignés contre les murs des dizaines de cadavres momifiés, venus du fond des âges.

Toutefois, les monuments qui sont la fierté de la ville datent en majeure partie du «siècle d'or» bordelais, celui des grands intendants du XVIIIe siècle. À commencer par la longue ligne des maisons au bord de la Garonne, cette harmonieuse «façade» dont Stendhal affirmait qu'elle n'avait pas sa pareille en Europe. Le port, paré d'immeubles

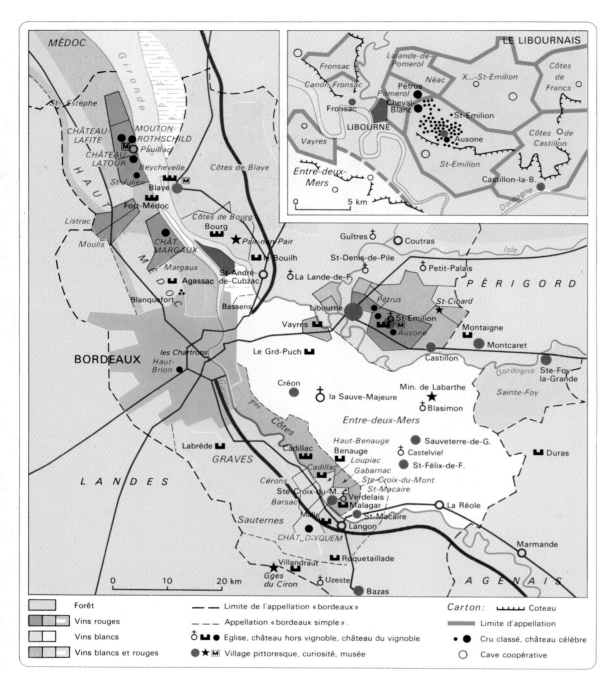

Le port autonome de Bordeaux

Bien qu'à 98 km de l'Océan, Bordeaux est depuis longtemps un grand port commercial. Il doit cela aux activités intéressantes que lui apporte sa situation en fond d'estuaire, surtout si l'on tient compte des avant-ports. Aujourd'hui, le trafic du *port autonome de Bordeaux* s'accroît de manière spectaculaire : 6 000 000 de t en 1962, 9 000 000 de t en 1963, 14 035 000 t en 1973.

Les installations de ce port important de la façade atlantique européenne se répartissent en plusieurs points. Dans l'agglomération bordelaise proprement dite, les quais de la rive gauche offrent vingt postes à quai, dotés de grues électriques, de hangars, et, en aval, deux bassins à flot sont équipés pour les navires reliant Bordeaux à l'Europe du Nord, à l'Afrique du Nord, à la péninsule Ibérique. Sur la rive droite, les quais de Queyries sont principalement affectés à la réception des pondéreux en vrac et des bois. En aval de Bordeaux, les aménagements de *Bassens,* sur la rive droite de la Garonne, permettent le stockage des marchandises; des usines se sont implantées dans cette zone. Au confluent de la Garonne et de la Dordogne, le complexe pétrolier d'*Ambès* peut accueillir des pétroliers longs de 200 m. Plus en aval, ce sont les installations de *Pauillac,* sur la rive gauche de la Garonne, de *Blaye,* sur la rive droite de la Gironde, dont le trafic concerne essentiellement l'exportation des céréales et des terres réfractaires ainsi que les importations de goudrons et de mélasses. Enfin, à l'embouchure de la Gironde, le port pétrolier du *Verdon* reçoit des tankers de 250 000 t.

Port maritime, Bordeaux est aussi un port fluvial, relié à Marmande, Agen, Toulouse grâce au canal latéral à la Garonne, et, au-delà, à la Méditerranée par le canal du Midi. ■

décorés de mille mascarons, est inséparable du négoce des vins, comme il l'est de la richesse d'une cité tournée vers l'océan. Sont aussi caractéristiques de cette époque : le Pavé des Chartrons, aujourd'hui cours Xavier-Arnozan; le Grand-Théâtre, chef-d'œuvre de Victor Louis; l'ensemble monumental de l'ancienne place Royale, aujourd'hui place de la Bourse, où hôtel des Fermes et palais consulaire se complètent dans une harmonie voulue par Jacques et Ange Gabriel; la place Gambetta, à l'unité classique; le palais Rohan, devenu hôtel de ville après avoir été construit pour un fastueux archevêque. Et puis, ici et là, des hôtels particuliers ayant appartenu à l'aristocratie du négoce ou à d'éminents personnages de la ville : l'hôtel Lalande, qui abrite le musée des Arts décoratifs; l'hôtel Cheverus; les hôtels Saige et Legrix, où les préfets de la République remplacent les parlementaires de l'Ancien Régime; l'hôtel Nayrac; l'hôtel Boyer-Fonfrède, bâti par Victor Louis; l'hôtel Labottière et ses jardins à la française. Rien d'étonnant que le centre de Bordeaux soit devenu un « secteur sauvegardé » où se trouvent englobés le Bordeaux classique et la vieille ville.

D'un côté, proche de la place des Quinconces (une des plus vastes esplanades d'Europe, édifiée sous la Restauration sur les 126 000 m² occupés auparavant par une ancienne forteresse, le château Trom-pette), se dessine le « triangle bordelais » — cours de l'Intendance, cours Clemenceau et allées de Tourny —, dont la pointe est constituée par cette place de la Comédie où bat le cœur de Bordeaux depuis le temps où les Romains y avaient établi leur forum. Près des commerces que groupe la rue Sainte-Catherine, longue de plus d'un kilomètre, les magasins de luxe du « triangle » alternent avec les riches demeures du XVIIIe et du début du XIXe siècle dans de larges perspectives tracées par les intendants de Louis XV et de Louis XVI.

De l'autre côté, s'étend le vieux Bordeaux aux rues étroites, tournées vers le port : quartier Saint-Pierre, en cours de rénovation, et quartier de la Rousselle, où, durant des siècles, on entreposa épices et poissons salés.

Face à cette ville du passé naît le nouveau Bordeaux du quartier de l'hôtel de ville, dressant hardiment des tours au béton triomphant, celui du « Lac », sorti d'anciens marais, au bout duquel l'audacieux pont d'Aquitaine enjambe la Garonne et complète le vieux pont voulu par Napoléon alors qu'il se rendait en Espagne pour y porter la guerre.

Ainsi l'histoire bimillénaire de la vigne unie au destin d'un fleuve est-elle, sans doute, celle d'une longue patience, mais aussi d'une civilisation et d'un art de vivre...

les Landes
au bord de l'Océan

▲ *L'une des routes pare-feu*
créées pour lutter
contre les incendies.

Les hauts fûts de la ▶
précieuse forêt landaise
saignés par les résiniers.

ongtemps, le pays des Landes
ne fut qu'une immensité désolée
de sables et de marais,
hantée par des troupeaux de moutons.
L'homme a fait surgir sur ce sol inculte
de vastes étendues de pins maritimes.
Et le berger, haut perché sur ses échasses,
s'est fait bûcheron ou gemmeur.

◀ *L'infini argenté*
de l'Océan...

▲ *Un cadre champêtre,
dans les Grandes Landes,
pour la modeste église
Saint-Martin de Moustey.*

Bords du lac d'Hourtin, ▶
*une nappe d'eau solitaire
balayée par la brise océane.*

4. Côte d'Argent et Landes

Cet épais manteau forestier est, de-ci de-là,
troué de clairières où se déroule une vie rurale simple et paisible.
Il s'avance jusqu'au littoral,
cernant lacs et étangs frangés de joncs,
dont les eaux vont parfois à l'Océan par des « courants » capricieux.

Entouré de pins, ▶
bordé de roseaux,
le plan d'eau de Soustons
au charme mélancolique.

Les rives tranquilles ▶▶
du lac de Léon,
paradis des pêcheurs,
chasseurs et estivants.

*Au bord d'un océan
aux longues vagues ourlées d'écume,
la Côte d'Argent déroule,
sur près de 250 km,
une immense plage rectiligne,
bordée de dunes façonnées par le vent
et au fil de laquelle s'égrène
un chapelet de stations balnéaires.*

◄◄ *L'imposante masse
de la dune du Pilat
s'étire sur quelque 3 km
entre la forêt et l'Océan.*

◄ *De la haute dune du Pilat,
vue sur le bassin d'Arcachon.*

*Au pied des dunes
plantées de gourbets,
▼ la plage de Contis.*

*Blancs nuages, ►
sable blond
et flots écumeux :
le rivage landais.*

▲ *Isolée dans une clairière
de la forêt landaise,
une ferme traditionnelle
à colombage.*

*D*e la pointe de Grave, qui s'avance à l'embouchure de la Gironde, jusqu'à l'estuaire de l'Adour, porte du Pays basque, s'étire au long de l'Océan, sur près de 250 km, la plus rectiligne des frontières maritimes d'Europe : un long cordon de sable fin fouetté par les vents et les embruns, ourlé de flots argentés, bordé de dunes fragiles qui, en lignes parallèles sur quelque 5 km de largeur, forment un immense rempart. À l'abri de cette sablonneuse barrière, la forêt s'étale à l'infini, vaste pinède d'un million d'hectares couvrant en triangle la quasi-totalité du département des Landes, une grande partie de celui de la Gironde et la frange de deux autres, le Gers et le Lot-et-Garonne. C'est le pays landais, renfermé mais riche d'une vie secrète, où le grondement incessant de la mer se mêle au murmure de la brise courant dans les cimes des pins. Des rivières le sillonnent qui, bloquées par les dunes, se sont répandues en nappes tranquilles, communiquant parfois entre elles et, pour quelques-unes seulement, reliées à l'Océan par de pittoresques « courants ». Ainsi, de Hourtin à Hossegor, lacs et étangs s'ordonnent au fil de la côte en un chapelet de plans d'eau, cernés par la forêt, peuplés de roseaux et hantés par les oiseaux.

La Côte d'Argent et les Landes de Gascogne ont su conserver de leur mystère. Le tourisme a découvert les plages, les stations balnéaires, les installations lacustres, mais bien souvent il méconnaît l'arrière-pays, dont la route vers l'Espagne donne une image monotone et fugitive. C'est une région discrète et pourtant « chérie plus qu'aucune autre; elle a ses initiés, ses fanatiques. Elle est aimée comme le sont les êtres dont la beauté veut être découverte » (François Mauriac).

Une terre déshéritée

À voir la gigantesque forêt landaise qui s'étend jusqu'aux riants coteaux de l'Armagnac, à l'est, et aux doux vallonnements de la Chalosse, au sud, on a peine à imaginer que cette contrée était, à la fin du XVIIIe siècle, une plaine désolée et insalubre où l'eau stagnait en hiver et où, en été, régnait la sécheresse. Il n'y poussait que de rares bruyères, des ajoncs et des fougères, tandis qu'au bord de la mer se déroulait à perte de vue un désert de dunes. Dans ces horizons hostiles ne trouvait guère de place qu'une activité pastorale. On rencontrait des troupeaux de moutons et, de-ci de-là, une étrange silhouette qui « de loin ressemblait à un compas tenu par un géomètre invisible et mesurant la lande. C'était un berger, monté sur ses échasses, marchant à pas de faucheur à travers les marécages et les sables », comme nous l'explique Théophile Gautier. Si, en 1850, on comptait un million de moutons gardés par des « échassiers », ils ne

sont plus aujourd'hui que trente mille. L'image du pasteur haut perché, vêtu de la *prisse* (peau de mouton), coiffé du béret et tricotant ou soufflant dans un instrument de musique de sa confection (le *pifre* ou la *bouhe*) appartient désormais au passé : seules les fêtes folkloriques la font revivre.

Cette terre déshéritée est devenue la plus importante des « usines à bois » de la France. À ce miracle participèrent d'abord des hommes tels que Rust, Captal de Buch et Charlevoix de Villers, qui, dans la première moitié du XVIIIe siècle, affirmèrent la possibilité de stabiliser les dunes par l'implantation de pins maritimes; puis l'ingénieur des ponts et chaussées Brémontier, qui, dès 1788, entreprit de lutter contre la progression du littoral se déplaçant sous la poussée du vent d'ouest et menaçant des villages établis trop près des dunes; les pouvoirs publics enfin, qui, en 1801, décidèrent la fixation de 2 500 ha de dunes en Gironde et de près de 3 000 dans les Landes. Faisant barrage au mouvement du sable par une palissade de madriers dressée à 70 m de l'endroit atteint par la plus haute mer, on sema à la surface de cette nouvelle dune des graines de gourbet, sorte de graminacée aux racines traçantes. En retrait du rivage, on planta pins maritimes, ajoncs et genêts, qui maintinrent le sable. Napoléon déclarait alors : « Je veux faire du département des Landes un des premiers de France et, à la paix, un jardin pour ma Vieille Garde... »

Les promesses de l'Empereur furent tenues par son neveu, car, en dépit des travaux de fixation des dunes, en dépit des plantations de pins, l'arrière-pays demeurait malsain et impropre à la culture. Aussi Napoléon III s'intéressa-t-il aux projets d'un jeune ingénieur, François-Jules Chambrelent. Celui-ci draina la lande marécageuse en creusant des fossés d'écoulement (*crastes*) dans la couche d'*alios* — ce grès brun très ferrugineux qui, à une profondeur de 50 cm, arrête les eaux d'infiltration et fait obstacle aux racines — et planta ensuite pins maritimes et chênes-lièges. La fortune du pays landais était faite. Avec cette transformation étonnante, à laquelle Edmond About consacra son roman *Maître Pierre*, naquit un paysage nouveau, une œuvre de l'homme plus belle que nature.

Un parc naturel régional

Une immense forêt de pins (*pignada*), éternellement verte, où s'infiltre la lumière — vers le sud poussent aussi chênes verts et chênes-lièges. Un sous-bois de fougères, de genêts et de grande bruyère qui, au rythme des saisons, se pare de teintes chaudes ou pastel. Des clairières (*airials*) où, aux humbles cultures d'autrefois, se sont substitués maïs, chênes et pommiers. Tel apparaît aujourd'hui le massif landais, le plus vaste d'Europe occidentale. Des maisons

Au pays du « bien-manger »

Landes et Gironde sont des pays du « bien-manger »; la gastronomie s'y entoure de rites, surtout s'il s'agit de déguster des ortolans. Autres plats de choix : la poule au pot farcie, le saumon frais fumé de l'Adour, la garbure rehaussée d'une cuisse d'oie, le salmis de palombes, d'alouettes ou de bécasses, ou encore une daube de cèpes. Et le foie gras a donné aux Landes une célébrité mondiale : foie de canard ou d'oie, que l'on mange frais, aux raisins, ou chaud, aux pommes.

Les amateurs de gibier hésiteront entre bécasses et tourterelles, canards sauvages et palombes, civets de lièvre et de chevreuil. Les auberges de campagne des Landes offrent surtout des poulardes sur lit de cèpes, d'onctueux boudins, un pot-au-feu qui mêle bœuf, veau, jambon, poule, oignons cloutés de girofle et même cannelle, des égrillards, des cochonnailles parfumées à l'armagnac, des entrecôtes grillées et agrémentées d'échalote, ainsi que graisserons, cous d'oie farcis, croupions d'oie grillés, et maigrets —, ces succulentes escalopes de flancs d'oie ou de canard grillées sur les braises. Sans oublier l'agneau de lait des Landes, les poissons de la côte et des étangs, les écrevisses du Midou ou de la Douze. Mais le plus caractéristique produit de la Côte d'Argent est, bien sûr, l'huître, que l'on accompagne de petites saucisses ou de crépinettes.

Et il y a toute la gamme des desserts : tourtières, milhas et pastis landais, tartes aux pruneaux au vin... ∎

▲ *Symboles de la lande d'autrefois, le pâtre ou la bergère, perchés sur des échasses, n'appartiennent plus qu'au folklore.*

Le musée de plein air de Marquèze : un paisible univers ▼ *d'eau et de verdure.*

claires et basses, à auvent et pans de bois, éparses dans ces solitudes ou groupées en villages, ajoutent au charme — souvent un peu mélancolique — de ce terroir.

À *Marquèze*, entre la Grande Leyre (Eyre) et l'un de ses affluents, l'Escamat, s'est installé le plus original des musées de France : un musée de plein air, celui de la lande au temps du berger. Pelouse plantée de chênes et de châtaigniers, îlot de colonisation avec sa maison d'habitation typique et ses dépendances, l'*airial* de Marquèze offre le précieux témoignage d'un mode de vie révolu avec la disparition de la civilisation agro-pastorale. De Sabres, un petit train conduit à cet « écomusée de la Grande-Lande » où le visiteur peut flâner, de la maison du maître, hourdée de torchis, au logis du métayer, au four à pain, à la bergerie, à la porcherie, au poulailler, au puits avec son balancier ou au moulin à eau. En outre, alentour, de jolies promenades sous bois s'offrent à lui.

Placé au cœur de la lande, ce musée s'intègre tout naturellement dans le *parc naturel régional des Landes de Gascogne*, qui s'étend sur 206 000 ha appartenant à 23 communes, landaises et girondines. La création, en 1970, de ce large espace protégé est le prolongement d'une action de rénovation rurale qui, depuis trois ans déjà, tentait de trouver une solution à la crise frappant la sylviculture, sans cesse dévastée par des incendies catastrophiques. Car le feu est le pire ennemi de ce pays. Entre 1943 et 1950, il ravagea plus de 300 000 ha, dont la moitié au cours de la seule année 1948. Rien d'étonnant donc que la première préoccupation du paysan landais soit de se préserver contre ce fléau, en débroussaillant, en plaçant des pare-feu, en établissant des points d'eau, en assurant une surveillance permanente, en élargissant enfin le domaine des cultures, car là où la lande reprend du terrain, après un incendie, il plante maïs ou colza. Actuellement, l'efficacité de ces mesures est telle que les Landes sont à citer en exemple.

Sans doute grâce au parc, les Landes de Gascogne ne perdront-elles rien de leur originalité. S'il ne faut pas y chercher une faune très riche (comme partout où est pratiquée la monoculture), son agrément vient de la beauté des paysages, des possibilités infinies de loisirs et de promenades, telles celles que l'on peut faire le long de la Leyre — ou mieux l'Eyre —, qui doucement coule vers le bassin d'Arcachon. Il s'agit, en réalité, de deux rivières : la Petite, qui naît à Luxey, et la Grande, qui sourd dans les landes de Luglon, se rejoignent au nord de Moustey. Jadis, des radeaux, longs de 100 m, portaient le bois à partir de Pissos. De nos jours, sous la voûte de verdure, canoës, kayaks et bateaux à fond plat glissent sur une eau transparente, laissant entrevoir le sable du lit. Paradis du silence, troublé seulement par le chant des oiseaux et le cri strident des cigales. Une végétation de chênes, d'ormeaux, de trembles, de charmes, de sorbiers ombrage le parcours. Ainsi va-t-on de *Sore*, pittoresque avec ses vieilles maisons landaises et ses bergeries, à *Moustey*, riche de deux églises, où faisaient halte les pèlerins sur le chemin de Saint-Jacques-de-Compostelle; de *Sabres*, dotée d'une belle et curieuse église Renaissance, à *Pissos*, pays de gemmeurs, où règne le chaud parfum de la résine

▲ *Curieux rituel
pour déguster
ce délice gastronomique
qu'est l'ortolan!*

Un mets royal

Curieux rite que celui auquel se livre le gourmet dégustant le plat roi de la gastronomie landaise : l'*ortolan*! Encapuchonné dans la serviette pour ne rien perdre du fumet, dans un silence recueilli, il apprécie, en le laissant fondre dans la bouche, toute la saveur subtile du petit oiseau qui a été rôti au four dans sa graisse et qu'on lui a servi dans une barquette de papier. Véritable cérémonie qu'a préparée une longue alchimie.

En effet, délicatement capturé avec un filet, à l'automne (1er octobre-18 novembre), ce bruant vert olive, de la taille d'une alouette, a été enfermé dans une volière et, dans la semi-obscurité, engraissé avec une bouillie de mil, mêlée d'eau et d'armagnac, la dose d'alcool augmentant chaque jour. Au bout d'un mois ne reste que l'armagnac e il suffit à l'ortolan d'y plonger son bec pour mourir étouffé... Tout cela pour être croqué en une bouchée. ■

Les vaches sont lâchées...

La *course landaise* dérive-t-elle de la corrida telle que la pratique l'Espagne? Est-elle plutôt la survivance des combats en champ clos que jadis les seigneurs aquitain donnaient contre des taureaux? On ne sait. Toujours est-il que la « course » a toujours ses fidèles et a même conquis les touristes.

Souplesse, adresse, précision et courage sont nécessaires pour ce je sportif qui n'a pas la cruauté de la corrida. Il s'agit pour l'homme de provoquer l'attaque de l'animal et d l'esquiver à l'ultime seconde. Tout l'art réside dans cet *écart*, exercice

---

arrachée au flanc de pins géants; de *Saugnac-et-Muret*, avec sa plage au bord de la rivière et sa vieille chapelle rustique coiffée d'un pignon triangulaire, à *Salles*, dont le parc du Val de l'Eyre attire les visiteurs par ses parterres fleuris à l'ombre des pins. Lent cheminement qui mène au bassin d'Arcachon — au bord duquel a été aménagé en 1972, sur 120 ha à l'embouchure de l'Eyre, le parc ornithologique du Teich, importante réserve d'oiseaux aquatiques où se mêlent espèces locales et migratrices. Au total, 120 km de dépaysement sur le plus romantique des cours d'eau, jalonné par des lieux de repos de plus en plus équipés, qui permettent de pénétrer au cœur de la lande... et d'y découvrir des traditions gastronomiques bien vivaces.

Des oasis d'art et d'histoire

Pourtant, cette contrée n'est pas que grands pins aux fûts rapprochés, bruyères odorantes, ruisseaux et rivières paisibles serpentant dans une clarté diffuse. Si l'amoureux de la nature y trouve refuge, l'amateur d'art et d'histoire peut découvrir, au hasard de ses flâneries, maints centres d'intérêt. À commencer par les deux principales cités landaises : Dax et Mont-de-Marsan. La première, sise au bord de l'Adour, aux confins des Landes et de la Chalosse, doit sa renommée fort ancienne à des sources thermales, providence des rhumatisants et des arthritiques, dont les Romains n'ignorèrent pas les vertus puisqu'ils firent de *Dax* la deuxième ville de l'Aquitaine. Mais peut-être le visiteur préférera-t-il aller admirer les bas-reliefs romans ornant le chevet de l'église de Saint-Paul-lès-Dax ou le beau portail gothique de la cathédrale, que les XVIIe et XVIIIe siècles rebâtirent dans le style classique. À quelques kilomètres de la cité dacquoise, il pourra faire un pèlerinage sur les lieux où naquit, le 24 avril 1581, saint Vincent de Paul, le célèbre confesseur dont la vie fut tout entière consacrée aux déshérités, aux paysans et aux enfants trouvés. À « Monsieur Vincent » revient la création de plusieurs œuvres charitables dont la Société des Prêtres de la Mission, dits « Lazaristes », et la communauté des Filles de la Charité. Le petit village de Pouy, baptisé depuis 1828 du nom de celui qui fut le plus grand chrétien du XVIIe siècle, abrite à l'emplacement de la maison natale — reproduite non loin — une église de style néo-byzantin et divers bâtiments élevés en l'honneur du saint.

Au nord-est de Dax, *Mont-de-Marsan* est par excellence la capitale du pays landais. Embaumée par la pignada proche, c'est une cité souriante aux magnolias, ses lauriers-roses, ses palmiers. On y vit à l'heure du Midi. Corridas et courses landaises animent les arènes pendant la belle saison. Sans oublier le rugby, qui, ici comme à Dax, est à l'honneur. Sa situation au confluent de la Douze et du Midou a,

dès le Moyen Âge, voué Mont-de-Marsan au commerce et à la guerre. Pour rappeler ce passé médiéval, des vestiges de remparts, un moulin, de vieilles demeures et surtout une maison romane et un donjon du XIVe siècle, qui aujourd'hui prêtent leur cadre à deux musées : le musée Dubalen avec ses collections de préhistoire et d'histoire naturelle, le musée Despiau-Wlérik, où sont exposées des œuvres des sculpteurs Charles Despiau (1874-1946) et Robert Wlérik (1882-1944), tous deux originaires de cette ville.

De nombreuses églises émaillent les Landes (dont beaucoup furent des haltes de pèlerins en route pour Compostelle) ainsi qu'un véritable semis de châteaux et petites gentilhommières — près d'une centaine dans le seul département des Landes. Le château de *Castillon*, à Arengosse, est un bel édifice Louis XIII que met en valeur un jardin à la française; il aurait inspiré à Théophile Gautier le « château de la misère » dans son roman *le Capitaine Fracasse*. Le château de *Ravignan*, non loin d'Aire-sur-l'Adour, à Perquié, élève au milieu des bois sa noble stature de style Louis XIII. Quant à la demeure à cinq pavillons Renaissance que l'on trouve à *Poyanne*, à la limite des Landes, elle donna asile au roi Joseph, détrôné d'Espagne. Ainsi, le « désert » landais joint-il à l'attrait d'une nature encore préservée celui des vieilles pierres où est gravée son histoire. C'est une terre qui porte à la réflexion. « La lande, disait Mauriac, est la servante de l'esprit. »

L'anti-Côte d'Azur

À l'approche de l'Océan, que l'on pressent dans le lointain, le paysage se modifie.

« À travers cinq pays aux noms si délectables qu'on les réciterait volontiers sur un air de comptine : pays de Buch, pays de Born, Marensin, Maremne et Seignanx, ce ne sont qu'étangs, que lacs, que « courants », le ciel dedans et, autour, n'importe quoi, une flore de paradis terrestre... Et quelle faune! » C'est une Gasconne, Christine de Rivoyre, qui décrit ainsi ce qu'elle appelle l'« anti-Côte d'Azur », cette côte aquitaine avec ses dunes comparées à du sel gemme « brodant l'azur noir de l'océan ». Dunes les plus longues, les plus hautes d'Europe, modelées, pétries par les vents, séparées par des *lèdes* (ou *lettes*), couloirs humides et herbeux, lieux de pacage et « sanctuaires privilégiés » de la bécasse. Et, derrière cet « océan » de sable, une autre immensité, celle de la forêt de Gascogne.

Un jour de 1905, un journaliste bordelais, Maurice Martin, baptisa « Côte d'Argent » cette digue sableuse dressée entre l'océan agité et la lande paisible. Parce que, écrivit-il, « sur ces 228 kilomètres de plages, la vague éternelle, tantôt calme et tantôt courroucée, vient déposer sa frange argentée au pied des dunes immaculées... »

des plus difficiles qui requiert du sang-froid. L'*écarteur*, élégant dans sa tenue blanche barrée par une large ceinture de couleur, attend la bête; lorsque celle-ci n'est plus qu'à quelques mètres, il effectue un saut sur place et pivote en retombant sur le sol, au moment précis où la vache opère son coup de tête. Il existe une « suerte » moins dangereuse : l'*écart de pied ferme* (écart-feinte), où l'écarteur, face à l'animal, pivote au dernier moment du côté qui lui semble préférable.

Outre l'écart, d'autres mouvements sont parfois utilisés par les « toreros » landais. La *feinte* consiste à attendre l'animal, immobile, à lui signifier par une légère inclinaison du corps que l'on va tourner d'un côté, puis, lorsque celui-ci s'apprête à frapper, à tourner du côté contraire. Le *saut*, très spectaculaire, est essentiellement le fait des spécialistes : le torero évite la vache en la sautant en plein galop. S'il court lui-même au-devant de la bête, c'est le *saut à la course;* s'il l'attend, c'est le *saut à pieds joints*, qu'il effectue souvent les pieds liés par un mouchoir ou enfermés dans un béret. Et le saut devient véritablement exploit lorsque le sauteur tourbillonne sur lui-même, la vache passant alors au-dessous de lui *(saut périlleux)*.

Font partie de cette course traditionnelle *(course formelle)* la corde et le « second », qui assurent la protection du torero. La corde, qui lie la vache, permet de la conduire dans la ligne d'attaque; son intervention est fort discrète au cours des exercices, mais devient énergique lorsque l'homme s'est fait

→

▲ *La course landaise : une tradition séculaire, un jeu sportif moins cruel que la corrida.*

Au creux du golfe de Gascogne, la plage de sable fin ▼ *de Capbreton.*

D'une largeur variant entre 500 m et 8 km, ces dunes, qui couvrent environ 90 000 ha, sont, en fait, de deux sortes. Les dunes anciennes — telles celle de La Teste, près d'Arcachon, ou celle de Mimizan —, de forme parabolique, datent d'une époque où le niveau de la mer était plus bas que de nos jours. Girondins et Landais, avec un tantinet d'exagération gasconne, les appellent « montagnes ». Sur celles-là poussent fougères, houx et arbousiers. À l'époque de leur formation, la côte n'était pas rectiligne, mais festonnée d'échancrures, de petits golfes plus ou moins profonds dont seul subsiste le bassin d'Arcachon. Plus tard surgit une invasion dunaire provoquée par le vent au fur et à mesure que montait le niveau de l'océan. « Ce sable comble les échancrures de la côte, recouvre partiellement les vieilles dunes, tout au moins sur leurs lisières » (Louis Papy). Cette seconde famille de dunes longitudinales, qui a fermé les étangs côtiers, prend la forme d'une houle se déplaçant au gré des vents. Certes, on a beaucoup écrit sur la marche des dunes, mais on s'accorde pour penser que Brémontier en avait quelque peu exagéré l'« inexorable poussée ». Ne craignait-il pas que les environs de Bordeaux « fussent un jour couverts de trois à quatre cents pieds de sable »!

Ce littoral où sable et forêt se succèdent, et parfois se confondent, c'est aussi le domaine des lacs et des étangs qui se dissimulent derrière les hautes dunes. Aussi a-t-on pu parler d'un monde clos « sous le signe d'une fascinante trilogie : lac, mer et montagne ». Charme puissant de cet univers aux couleurs changeantes, aux parfums mêlés, bruyères et sable tiède, pins gorgés de résine et œillets poivrés que le vent de la mer couche sur les dunes.

La coqueluche des écrivains

Tout au sud de la Côte d'Argent, Capbreton et Hossegor constituent un ensemble balnéaire séduisant, grâce à la proximité des Pyrénées, qui leur servent de toile de fond, et à celle de l'Espagne, qui offre maintes possibilités d'excursions. Bien qu'imprégnées par le Pays basque voisin, ces deux stations ont déjà l'âme bien landaise. *Capbreton*, la plus ancienne, fut un port jusqu'au début du XVIe siècle, alors que l'Adour y avait là son embouchure. Puis le fleuve alla se déverser dans l'Océan à Vieux-Boucau et enfin au Boucau Neuf. Pour la petite cité, ce fut le déclin; elle ne reprit vie que sous le second Empire avec la transformation du ruisseau Boudigau en canal ouvrant le lac d'Hossegor à la marée. Le port de pêche est à l'heure actuelle supplanté par le port de plaisance, et les touristes s'installent sur la plage, très sûre, ce qui est un atout appréciable quand on connaît les dangers de la côte.

Le « lac marin » d'*Hossegor*, « joyau serti dans l'ombre et la clarté » (Maurice Martin), était encore solitaire et sauvage lorsque Rosny jeune lui consacra un article enthousiaste dans « l'Illustration ». Le retentissement fut tel que Paul Margueritte, Gaston Chéreau, Lucien Descaves et Maxime Leroy partagèrent ce coup de foudre. Et l'« école d'Hossegor » attira foule d'artistes. Francis Jammes, Tristan

prendre par l'animal. Le « second » est un torero chargé d'attirer l'attention de la vache après qu'elle a été feintée ou sautée.

Sport viril par excellence, la course landaise connaît à l'heure actuelle un grand succès. La Fédération française de la course landaise organise chaque année, entre fin mars et fin octobre, diverses épreuves importantes.

Mais, tout en étant fidèles à cette tradition, les Landais sont aussi très amateurs de courses de taureaux à la mode espagnole. Dax, Parentis, Saint-Vincent-de-Tyrosse, Roquefort, Aire-sur-l'Adour, Saint-Sever accueillent de tels spectacles où se produisent les plus célèbres « matadors ». Et surtout Mont-de-Marsan, qui, au cours des fêtes de la Madeleine, en juillet, accorde une large place à ces corridas. ∎

L'arbre d'or

« On ne voit, en passant par les landes désertes,
Vrai Sahara français poudré de sable blanc,
Surgir de l'herbe sèche et des flaques d'eau verte
D'autre arbre que le pin avec sa plaie au flanc. »

Ainsi Théophile Gautier nous décrivit-il le pays landais. Aujourd'hui, le pin y est toujours l'arbre d'or que l'homme saigne impitoyablement. Une entaille *(carre)*, pratiquée en février au pied du fût du conifère, permet de recueillir la *gemme* (ou *résine*) dans un pot de terre vernissé fixé contre le pin. Avec le temps, la blessure est accentuée, l'écorce étant chaque fois enlevée sur une plus grande hauteur. Des gouttelettes d'acide sulfurique activent le gemmage, et la gemme est récoltée environ une fois par mois. Ce n'est qu'au début de novembre que la carre est arrêtée... jusqu'à l'année suivante. En 1975, la forêt landaise a ainsi produit 12 756 000 litres de gemme, qui, distillée, sert à la fabrication de l'essence de térébenthine, des colophanes (pour la savonnerie), des brais (pour les colles de papeterie).

Outre la récolte de la résine, le pin alimente d'autres industries telles que la papeterie, le contre-plaqué, qui ont pris la relève de la charpente, de la parqueterie.

Mais la concurrence des autres bois importés, d'une part, des résines synthétiques, d'autre part, a beaucoup réduit l'intérêt économique de la forêt landaise, bien moins vivante qu'entre 1850 et 1950. ∎

Seignosse-le-Penon,
une station nouvelle
qui a tenté d'adapter
▼ *le style régional au modernisme.*

Bernard, Paul Claudel aimèrent ce plan d'eau cerné par la forêt où se blottissent, discrètes, de pimpantes villas. De gracieuses voiles glissent à sa surface : les amateurs de régates en ont fait leur lieu d'élection. La station d'Hossegor, avec sa plage, son casino, son golf, ses tennis, affiche un air d'élégance et de bien-vivre.

À 2 km au nord du lac, au bord de l'Océan, s'est développé un complexe touristique ultra-moderne — et à vrai dire très discuté —, celui de *Seignosse-le-Penon*, où la concentration urbaine n'a toutefois pas tué le charme de la forêt. Les amoureux de la nature ne manqueront pas d'aller voir l'étang Noir et surtout l'étang Blanc, apprécié des pêcheurs et, l'hiver, des chasseurs de canards. Plus au nord, l'ancien Port-d'Albret, qui, au XVᵉ et au XVIᵉ siècle, voyait l'Adour s'enfoncer dans l'Océan, conserve le souvenir de cette péripétie géographique par son nom actuel : *Vieux-Boucau* (la vieille embouchure). Sa plage prolonge l'aire touristique de l'étang de Soustons, belle nappe de plus de 414 ha, entourée de roseaux et de pins. Entre ce dernier et le rivage, un « courant » — dont la descente au départ de Soustons et la remontée en barque prennent environ cinq heures — offre une agréable promenade.

Mais c'est en remontant sur une quinzaine de kilomètres, au fil de la côte, que l'on découvre la « merveille ». L'étang de Léon possède, en effet, un déversoir d'une originalité sans pareille : le *courant d'Huchet*. Il faut se rendre à l'embarcadère, situé à 1 700 m du bourg de Léon, et prendre place dans l'une de ces longues barques (appelées *galupes*) qui se fraient d'abord un passage dans la forêt entre une haie de fougères, puis se faufilent parmi les dunes, au paradis des canards, des hérons, des oiseaux migrateurs et des insectes d'eau. Après le « pas du Loup », c'est l'entrée dans la « forêt vierge ». « La voûte de verdure laisse une lumière de rêve où les eaux glissent tantôt assombries, vertes et profondes, tantôt rousses et mordorées quand le soleil les pénètre et éclaire le fond de sable d'un ton cuivré » (G. Monmarché). Les joncs s'entremêlent aux iris et à la menthe sauvage. Les arbres en s'inclinant forment des arches naturelles. Après les chênes-lièges et les tamaris géants viennent les roseaux, tandis que, ayant buté contre une dune, le courant se dirige brusquement vers le sud : il suit alors la côte en s'élargissant et en se parant de nénuphars blancs et jaunes, d'hibiscus roses. Ainsi s'achève ce « songe de feuilles et d'eau » qui autrefois séduisit Gabriele D'Annunzio.

Au-delà de *Saint-Girons-Plage*, sur la plage de *Contis*, entre la forêt du même nom et celle de Lit-et-Mixe, aboutit un autre courant. On descend à partir de Saint-Julien-en-Born, à bord de l'une de ces barques plates qui permettent de percer le secret d'une riche végétation où se mêlent roseaux, fougères et vignes sauvages, tandis que pins, peupliers, chênes-lièges couvrent les hautes rives.

La plus moderne des réalités

« Perle de la Côte d'Argent », c'est ainsi que Maurice Martin baptisa l'aimable station de *Mimizan-Plage*, nichée dans les pins à l'abri de la dune littorale, dans la partie nord de la côte landaise. Elle fut jadis l'une des plus importantes cités de Gascogne, mais, au XVIIIᵉ siècle, les sables l'envahirent. Seuls subsistent quelques vestiges de l'église médiévale (portail roman sculpté, tour de brique) ainsi que les bornes de la *sauveté*, cet asile créé en l'an 1000 pour les réprouvés et les opprimés. Sur l'immense plage se posa, le 16 juin 1929, l'avion d'Assolant, Lefèvre et Lotti, qui venait de traverser l'Atlantique Nord. Près du village de Mimizan, l'étang d'Aureilhan, couronné de dunes fleuries de mimosas, permet le canotage paisible et l'entraînement à la voile.

▲ *La grande plage d'Hossegor,
importante station balnéaire
de la côte landaise.*

Depuis l'Antiquité, l'huître...

Une nuit de 1857, le naufrage, au large de la Gironde, d'un navire portugais transportant des huîtres a fait croire que l'ostréiculture girondine était d'origine récente. Il n'en est rien.

Avant les « portugaises », qui colonisèrent alors les rochers du littoral, les huîtres de Gironde, vantées par le poète Ausone, étaient servies à la table des empereurs romains : sans doute s'agissait-il de « gravettes », qui furent remplacées par les « portugaises », plus résistantes. Ces dernières assurèrent, jusqu'en 1970, la quasi-totalité de la production du bassin d'Arcachon (92 p. 100 contre 8 p. 100 de « plates », à chair blanche et peu grasse). En effet, cette année-là, une mystérieuse maladie se

manifesta dans les parcs de Bretagne, puis de Marennes, atteignant ensuite l'embouchure de la Gironde (il y a des parcs à huîtres au Verdon) et, finalement, la région arcachonnaise. On décida d'importer la « gigas », huître japonaise qui s'est remarquablement adaptée et progresse avec une rapidité étonnante. Si bien que les ostréiculteurs ont pu, après une période difficile, atteindre comme auparavant une production d'environ 16 000 tonnes.

Dans les parcs à huîtres, que l'on trouve au cap Ferret et dans l'île aux Oiseaux, sur les « crassats » que la marée basse découvre, c'est en juin l'heure du frai : le « naissain » s'accroche aux tuiles chaulées immergées et les millions d'embryons se développent. Vient l'heure du « détroquage », le moment

Beaucoup plus vaste que celui d'Aureilhan est l'étang de Biscarosse et de Parentis. Ces deux noms désignant un même plan d'eau ont une résonance nationale. En effet, au printemps de 1954, le pétrole jaillit à *Parentis*. Huit ans plus tard, c'était l'installation à *Biscarosse* du Centre d'essais spatiaux. La vie des deux bourgs en fut bouleversée. Et, sur la place de Biscarosse, les discussions allèrent bon train près de l'ormeau légendaire, vieux de six siècles, auquel autrefois étaient attachées nues les femmes adultères — ... jusqu'au jour où l'une d'elles, innocente, mourut de honte : à chaque printemps surgit une couronne de feuilles blanches à l'endroit où la malheureuse avait appuyé la tête... De la légende, on passe à la plus moderne des réalités avec la présence des puits de pétrole dont chacun — ou presque — s'est accommodé, et avec le Centre d'essais, qui ne semble guère poser de problèmes sinon à ceux qui se voient interdire l'accès de la forêt les jours de tir.

À *Cazaux*, on reproche aux militaires de la base aérienne de troubler le calme du lac, vaste de 5 600 ha, paradis perdu des pêcheurs, et l'étang de Cazaux et de Sanguinet souffre aussi de l'ouverture d'un canal conçu dans le cadre du plan d'aménagement de la côte. L'une des premières réalisations de la mission interministérielle chargée de l'aménagement de l'Aquitaine a été, en effet, la mise en eau du tronçon Cazaux-Sanguinet et Biscarosse-Parentis de ce canal destiné à relier entre eux les étangs du littoral, mais on a finalement renoncé au reste du projet. En effet, le régime hydraulique a été altéré et, de surcroît, le délégué à l'Aménagement du territoire a tristement constaté que l'on allait « joindre des étangs par des kilomètres de canaux qui seraient empruntés non par des bateaux à voile mais à moteur » et que le fameux canal transaquitain risquait tout simplement de devenir « une autoroute de bruits et de fumées »...

Une création du second Empire : Arcachon

Au nord de Biscarosse-Plage, la route, jusque-là en retrait du littoral, se rapproche de la mer. Elle contourne bientôt la célèbre *dune du Pilat,* la plus haute dune d'Europe (114 m), la seule dune « vive » de la Côte d'Argent (aucune végétation n'y a pris racine). Son escalade est un exploit facile puisqu'un escalier de 190 marches de bois permet d'accéder au sommet, d'où la vue sur la mer et la forêt est des plus belles. Cette imposante « montagne » de sable paraît, en vigilante gardienne, veiller sur les passes du bassin d'Arcachon, qui changent sous l'action des courants.

Au-delà des hôtels et villas de *Pilat-Plage* et de *Pyla-sur-Mer* — qui doit son nom à un helléniste, *pyla* signifiant en grec « passe », « défilé » —, voici Arcachon, au bord du magnifique plan d'eau de

*Le courant d'Huchet
serpente à l'ombre*
▼ *d'une végétation luxuriante.*

où, détachées des tuiles, les jeunes huîtres sont placées dans les châssis grillagés protecteurs et dans lesquels elles peuvent à loisir absorber les sels de la mer. Puis, libres, elles engraissent, s'affinent dans les réservoirs ou sur les parcs.

Ainsi, par tous les temps, hommes et femmes plongent-ils leurs mains dans le reflux, « mains crevassées aux ongles rongés par le sel et le frottement sur des coquilles », disait Vincent Boucau, rendant hommage à ces ostréiculteurs qui, maintenant une tradition millénaire, font du bassin d'Arcachon le deuxième centre producteur français.

D'aimables terroirs

Au sud des Landes se trouvent deux petits pays qui, pour appartenir

▲ *Les parcs à huîtres du bassin d'Arcachon, protégés par des piquets.*

au même département, ne présentent pas moins des paysages très différents de ceux du « désert » du nord : ce sont le pays d'Orthe et la Chalosse.

Arrosé par l'Adour, là où viennent le rejoindre les gaves de Pau et d'Oloron et la Bidouze, le *pays d'Orthe* est une vallée souriante où se rencontrent les influences de la montagne et de la mer. Terre tranquille dont *Peyrehorade*, avec ses mosaïques gallo-romaines et le château Renaissance de Montréal, est la capitale. On y pourra découvrir des villages pittoresques dont les maisons annoncent le Pays basque, de belles abbayes (telle celle de *Sorde,* dont l'église romane et les bâtiments abbatiaux dominent en terrasse le gave d'Oloron), des églises médiévales (Cagnotte, Port de Lanne).

Les appontements du port de plaisance ▼ *d'Arcachon.*

25 000 ha qui échancre la côte en une baie triangulaire. Celle-ci est abritée par la langue de terre du cap Ferret, qui ne laisse entre elle et l'Océan qu'une passe de 3 km de large très encombrée. Sorte de mer intérieure qui, à marée basse, se retire sur quelque 20 000 ha et au cœur de laquelle seule émerge, à marée haute, l'île aux Oiseaux, refuge des mouettes et des goélands, le bassin d'Arcachon est évidemment un pôle d'attraction unique en France. Et, si la traditionnelle pinasse continue de profiler sur les eaux sa longue silhouette cambrée, mille et une voiles, l'été venu, prennent possession de cette nappe que Gabriele D'Annunzio comparait à un lac italien.

De ce bassin, *Arcachon* est la grande station balnéaire et climatique, le principal port pour la navigation de plaisance. Son

existence remonte à peine à plus d'un siècle. En effet, les Bordelais découvrirent l'endroit au milieu du XIXe, quand les frères Pereire prolongèrent jusqu'à Arcachon la ligne de chemin de fer Bordeaux-La Teste. Les premières villas apparurent alors et, en 1857, ce lieu quasi désert, que l'on gagnait par une route tracée au milieu des prés salés, devint une commune, indépendante de La Teste. Ainsi détachée de l'ancienne capitale du pays de Buch, Arcachon se développa rapidement. À la ville basse, en damier, s'ajouta au début du siècle la « ville d'hiver », bâtie sur les dunes, véritable mosaïque de chalets, de cottages et de villas mauresques. On venait là se reposer et rétablir sa santé. C'était le temps où ces demeures portaient le nom de « Moulin-Rouge » ou de « Trocadéro » et s'entouraient de palmiers, de

Enserrée entre le gave de Pau et l'Adour, la *Chalosse* est une contrée verdoyante à deux visages : de doux vallonnements qui touchent au Béarn, une plaine qui s'étale jusqu'à la forêt landaise. C'est un pays qui, plus proche des Pyrénées que des Landes pour son régime de pluies, est extrêmement fertile, couvert de vignes, de maïs et de prairies. Les affluents de l'Adour (Gabas, Luy de France, Luy de Béarn) y dessinent des vallées parallèles. Dans ce cadre bocager, les fermes allient à la modestie de leur architecture une certaine opulence. Car c'est ici le royaume des oies et des canards, auxquels le maïs fournit un aliment de choix : les foies gras (non truffés) sont vendus sur les marchés de Saint-Sever, d'Aire-sur-l'Adour, de Dax et de Pau. Pays d'eau et de pâturages, la Chalosse est semée de

▲ *L'abbaye bénédictine
de Sorde-l'Abbaye,
sur le gave d'Oloron.*

cités fleuries où l'amateur de vieilles pierres prendra plaisir à flâner. Le vieux *Saint-Sever*, posé sur le plateau de Morlanne, possède le plus beau sanctuaire roman des Landes. *Hagetmau* n'a gardé de son abbaye bénédictine que la crypte romane. *Montaut*, village fortifié, la bastide de *Montfort-en-Chalosse*, le château de *Gaujacq* au décor sauvage mais séduisant, la tour patinée de *Poyaller*, le château d'*Amou*, exécuté selon les plans de Mansart, *Pouillon*, nichée dans les fleurs..., ce sont là autant d'endroits charmants où architecture et nature se mêlent harmonieusement. ■

En terre de Tursan

Au sud-est des Landes et proche voisin du Béarn, le *Tursan* est à

→

bambous et de magnolias; le temps aussi où s'édifiait un étrange casino mauresque. Ces villas ne subsistent que dans la mesure où leurs parcs n'ont pas tenté les promoteurs immobiliers. De même s'est peu à peu modifié le front de mer, où s'étirent aujourd'hui de larges boulevards ombragés de tamaris.

Autour du bassin sont d'autres stations, plus modestes : *Lanton, Taussat, Andernos,* où aimait se reposer Sarah Bernhardt, *Arès, Claouey, les Jacquets,* coin favori des peintres, et surtout, face à Arcachon, de l'autre côté des eaux vertes, *Cap-Ferret,* qui dissimule dans la masse compacte des pins une multitude de villas. Célèbre par la douceur de son climat, sise entre le bassin et l'Océan, elle garde encore le charme discret des premiers jours de la Côte d'Argent, un charme qu'a préservé la décision d'interdire la construction d'un port de plaisance. Cette décision eût empli de joie de célèbres amoureux de la presqu'île comme Pierre Loti, Pierre Benoit, Marcel Aymé, Jean Cocteau et Raymond Radiguet. À cette époque, le facteur faisait, durant sa tournée, office de ... coiffeur, à l'exception des jours de passage des tourterelles, jours sacrés pour les chasseurs, dont le souvenir est évoqué par la présence des derniers pylônes de guet.

Des étangs et des voiles

Au nord du bassin d'Arcachon réapparaît l'interminable muraille de sable. À l'abri des dunes, toujours l'immensité des pins trouée par d'autres étangs : celui, minuscule, de Lède Basse, à l'ouest du Porge, et celui, plus vaste (près de 2 000 ha), de Lacanau, qui, l'été, se couvre de voiles. Face à l'Océan, que l'on entend gronder derrière les pins à cinq kilomètres, une station est née en 1906 quand fut prolongé, de Lacanau-Ville à la mer, le réseau ferroviaire qui allait ouvrir au tourisme l'immense plage de *Lacanau-Océan.* Aujourd'hui, on construit jusque sur la dune : c'est ici, en effet, que se réalise la première opération immobilière décidée par la mission Aquitaine.

À l'étang de Lacanau succède, après le petit lac de Cousseau, l'une des surfaces navigables les plus grandes de France : le lac d'Hourtin-Carcans. Le site est exceptionnel : au milieu de landes et de genêts, près de 6 000 hectares de plan d'eau, protégés des vents dominants par trois ou quatre kilomètres de dunes boisées, dont certaines dépassent 60 m de haut. Ce lac, bordé de sable fin, suscite bien des convoitises. Un Centre de formation maritime s'est installé au nord, au Contaut. Une École nationale de voile s'y est établie. Au sud s'est édifiée la station nouvelle de Maubuisson. Et a été créé, en 1971, sur quelque 200 ha, le vaste complexe de Bombannes, destiné à mettre à la disposition du public, dans ce cadre de pleine nature, un large éventail de sports et de loisirs.

*Il y a environ deux siècles,
l'abbatiale bénédictine
de Soulac-sur-Mer était
▼ presque ensevelie sous les sables.*

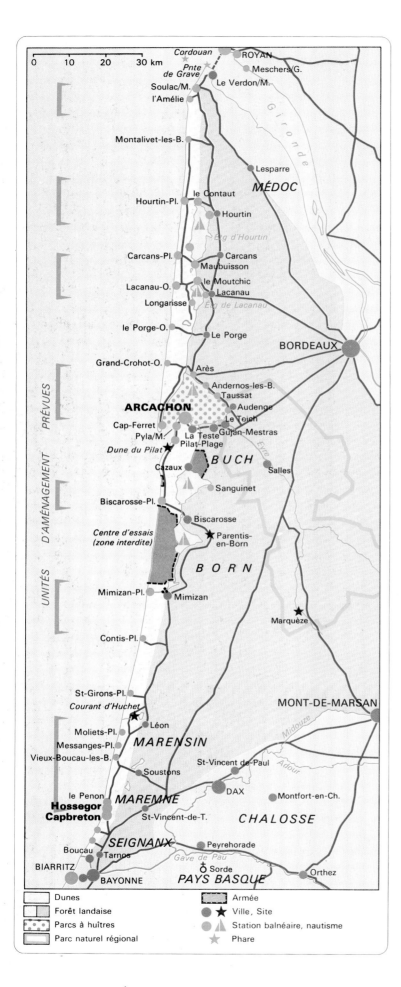

Dunes | **Armée**
Forêt landaise | **Ville, Site** ●★
Parcs à huîtres | **Station balnéaire, nautisme** ●⛵
Parc naturel régional | **Phare** ★

l'écart des grands axes de communication, et par là un peu ignoré des promeneurs. Pourtant, ses larges vallées, ses coteaux couverts de vignes, ses rivières riches en poissons, ses monuments, ses villages fleuris lui prêtent un décor des plus attrayants. Mais sans doute le connaît-on davantage pour son vin, dont *Geaune* — la capitale de ce petit pays, vieille bastide du XIVe siècle située en plein cœur du vignoble — est le principal centre producteur.

En 1952, menacé par la plantation des hybrides, un des plus vieux vignobles gascons (connu dès l'occupation romaine) fut sauvé par l'obstination de jeunes viticulteurs landais. Ceux-ci, œuvrant avec courage, imposèrent le retour à la tradition en utilisant exclusivement un cépage antique, le *baroque*, cher

aux moines du Moyen Âge, pour le blancs, et le *tannat*, cépage vieux c trois siècles, pour les rouges et rose (on adjoint pour 25 p. 100 le cépage *cabernet*). Récolté dans les cantons de Geaune et d'Aire-sur-l'Adour, le vin de Tursan a ainsi acquis, dès 1958, ses lettres de noblesse en recevant l'appellation « vin délimité de qualité supérieure » (V. D. Q. S.). Le vin blanc, sec et fruité, accompagne parfaitement huîtres, poissons et viandes; il se boit en primeur.

En fait, le vin de Tursan retrouv peu à peu la gloire qu'il connut au XVIIe siècle quand le port de Bayonne en exportait plus de 100 000 hl. Et le 16 août 1963 fut instituée officiellement la Grande Commanderie du Tursan, qui a pou tâche de défendre la réputation de c vin. ■

Notre-Dame-de-la-Fin-des-Terres

Au nord de la forêt de Junca, *Montalivet-les-Bains,* l'une des plus vieilles stations estivales de la côte médocaine, s'est mise au goût du jour grâce à son Centre de naturisme dont le succès est tel que l'on prévoit de le doubler! Mais la Côte d'Argent se termine bientôt. Elle se creuse légèrement pour former le golfe de Gurp — en réalité il s'agit plutôt d'une anse —, dans lequel se rassemblent, dit-on, les requins pèlerins. Du haut des dunes, on peut voir la côte se prolonger vers la modeste station de *l'Amélie* avant de s'incurver légèrement pour s'achever, passé Soulac-sur-Mer, à la pointe de Grave.

Soulac-sur-Mer n'est pas seulement l'ultime plage avant l'estuaire de la Gironde, c'est aussi un lieu de légende. Certains, en effet, lui donnent pour origine la cité de Noviomagus, engloutie au VIe siècle. D'autres lui associent le nom de sainte Véronique, venue en Gaule après la mort du Christ et retirée à Soulac. Plus réelle que ces légendes est la disparition, au XVIIIe siècle, de l'église romane construite par les Bénédictins six cents ans plus tôt : inexorables, les sables, poussés par le vent, recouvrirent peu à peu le sanctuaire de Notre-Dame-de-la-Fin-des-Terres. Au milieu du XIXe siècle, l'archevêque de Bordeaux ordonna le dégagement de la basilique. Ainsi découvrit-on une belle église, avec une nef sans ouverture, dans le style de l'école poitevine, et d'intéressants chapiteaux historiés. Et l'archéologue Brutails de dire : « Les faits légendaires qui auraient eu ce lieu pour théâtre, les étonnantes péripéties de ce monument qui, pour avoir été enterré, a été rappelé à la vie comme un autre Lazare, l'étrangeté du site et de l'église elle-même dont les parties basses restent engagées dans le sable, tout concourt à produire une vive impression : cet édifice relève de la poésie autant que de l'archéologie et de l'histoire. »

Plus loin, au large, à 7 km de la pointe de Grave, dressé sur un îlot rocheux, un phare d'une rare élégance indique, comme un ultime jalon, la fin du long cordon dunaire : *Cordouan,* le seul vrai « monument » de la mer qui nous soit parvenu depuis l'Antiquité. Si elle fut célèbre au XVIIe et au XVIIIe siècle, notre époque a un peu relégué dans l'ombre cette tour élégante, haute de 67,50 m. Mais étrange coïncidence : au même homme on doit l'embouchure artificielle de l'Adour et ce majestueux phare Renaissance, sentinelle commandant l'entrée de la Gironde! Louis de Foix, architecte de l'Escorial, a, dès la fin du XVIe siècle, marqué de son empreinte les deux extrémités de cette Côte d'Argent dont la fragilité est ici évidente. Au terme d'un littoral atlantique à vocation touristique, *Le Verdon-sur-Mer* affirme un destin portuaire et industriel. La Côte d'Argent pourra-t-elle échapper aux dangers que présente cette installation, alors que le courant littoral va du nord au sud?

la Côte basque

◄ *Biarritz :*
face au large,
le bout de la digue
qui relie le promontoire
de l'Atalaye à la côte.

▲ *Hortensias,*
tamaris et villas cossues
noyées dans la verdure :
la digue-promenade
de Biarritz.

Fermant la baie d'Anglet, ►
la pointe Saint-Martin,
rocheuse et boisée,
sur laquelle se dresse
le phare de Biarritz.

𝒟*e l'Adour à la Bidassoa,*
le Pays basque possède trente kilomètres de côtes
où alternent falaises rocheuses
et anses sablonneuses
et où s'égrène un chapelet de stations
dont Biarritz est la reine.
Dès le siècle dernier, la douceur du climat
et la beauté du cadre
attirèrent là une clientèle internationale
et mondaine.

◄◄ *Biarritz : au pied de*
hautes falaises,
la plage des Basques
où déferle l'Océan.

◄ *La Grande Plage*
de Biarritz,
que longe la belle avenue
Édouard-VII.

▲ *Une passerelle*
▲ *mène au rocher de la Vierge,*
cerné d'écueils
et livré aux
assauts des vagues.

▲ *La conque encaissée*
de la plage
du Port-Vieux
accueille de
nombreux baigneurs.

*Les plages du Pays basque
sont, en France,
les mieux adaptées
à la pratique du surf.*

*Détente
sur une terrasse
ensoleillée, près
de la Grande Plage.*

*La Côte basque s'offre à tous les plaisirs du soleil et de l'eau.
Mais un sport y domine, le surf, favorisé par la forte houle qui,
constamment, agite l'Océan.
Ses adeptes, debout sur une planche, doivent être habiles à « prendre » la vague,
accompagnant son déferlement par un ballet aux multiples figures.*

L'immense plage▲
de sable fin d'Hendaye,
bordée par la pointe
Sainte-Anne
et les rochers Jumeaux.

Un promontoire▶
menacé :
les falaises de Socoa.

Au sud de Socoa,▶▶
les falaises plongent,
à 45⁰ dans les flots,
leurs roches feuilletées.

*À partir de Socoa, la corniche basque
se fait continûment rocheuse et sauvage, bordée de brisants.
Une route suit le faîte de la falaise, qui offre de beaux points de vue
avant d'aboutir à Hendaye et à son rivage apaisé.*

*Au pied de la colline ▶
de Bordagain, le curieux clocher
de l'église Saint-Vincent
et le port de Ciboure,
aux pittoresques maisons...*

*...et, sur l'autre rive ▶▶
de la Nivelle,
le port de
Saint-Jean-de-Luz avec
la maison de l'Infante.*

▲ *La plage d'Anglet,*
ou Chambre d'Amour,
est plus faite pour le sport
que pour la «trempette».

D e la barre de l'Adour à Hendaye, le Pays basque — plus précisément, la province basque du Labourd — déroule au bord du golfe de Gascogne une côte accidentée dont la fantaisie a de quoi surprendre après la monotonie du littoral landais. Des caps brisent l'horizon, dessinant de larges anses et de profondes criques. Des falaises plongent dans les flots leur haute silhouette, feuilletée par l'érosion en d'insolites sculptures. De petites plages festonnent de sable blond le creux des baies où déferlent les rouleaux de l'Atlantique. À peine en retrait de ce rivage commence un monde rural, tout de douceur et de verdure, le jardin du Labourd que chanta Pierre Loti. La campagne côtoie la mer, le paysan côtoie le pêcheur. Et, surtout, la Côte basque avoisine de très près la montagne; hauteurs au profil étrange qui ont pour nom Trois Couronnes, Ursuya, Baïgura, Larruna (la Rhune), et qui marquent plus ou moins la frontière entre la France et l'Espagne.

Ainsi épaulé par un arrière-pays riant et plein de diversité, bénéficiant en outre d'un climat adouci par l'Océan, ce littoral d'une trentaine de kilomètres jouit depuis longtemps de la faveur des estivants, qui trouvent dans ses stations de quoi satisfaire à la fois leur goût des mondanités et leur appétit de plaisirs sportifs et simples.

La plage du Gotha

À l'origine, *Biarritz* n'était, dans le golfe de Biscaye, qu'un petit port spécialisé dans la pêche à la baleine. Au XIVᵉ siècle, son blason représentait une longue barque montée par un barreur, trois rameurs et un harponneur, fonçant sur un gros poisson. D'autre part, le nom d'un des promontoires, l'Atalaye, évoque les échauguettes à cheminée d'où l'on guettait les flots : quand une baleine apparaissait au large, on allumait un feu au sommet de l'«atalaya» et les pêcheurs partaient aussitôt harponner le cétacé.

Pourtant, ce ne sont pas les baleines mais les naïades qui firent la réputation de Biarritz. La station passa durant deux siècles, aux XVIIᵉ et XVIIIᵉ, pour un lieu de perversion. En 1609, le chancelier de Lancre, sectaire inquisiteur, remarquait sur cette côte «ce meslange de grandes filles et jeunes pescheurs, en mantille et tout nuds au-dessoubs, se pesle-meslant dans les ondes» et assurait que «l'Amour les tient à l'attache, les prend au filet, les convie à pescher en cette eau trouble». Peut-être est-ce cette liberté de mœurs qui, jointe à la douceur du climat, attira les romantiques dès le début du XIXᵉ siècle.

«Biarritz est un lieu admirable. Je n'ai qu'une peur, c'est qu'il ne devienne à la mode. Déjà on y vient de Madrid, bientôt on y viendra de Paris.» Victor Hugo ne se trompait guère en formulant cette crainte dès 1843. Onze ans plus tard à peine, l'impératrice Eugénie, qui avait coutume de venir s'y reposer avec sa mère, y entraîna Napoléon III. Conquis, celui-ci fit bâtir la «Villa Eugénie» : la vocation mondaine de Biarritz était née. Dès lors, princes, souverains, éminents personnages affluèrent. La reine Victoria apprécia son charme. Léopold Iᵉʳ de Belgique et Edouard VII d'Angleterre vinrent s'y distraire. Le roi d'Espagne Alphonse XIII fit construire un palais qui devint sa résidence favorite...

De ces fastes, Biarritz a conservé le souvenir. Les promenades du bord de mer, avec leurs balustrades en faux rondins de ciment, les pâtisseries architecturales des anciens palais et des grands hôtels, les larges avenues ombragées, ainsi que les coupoles de l'église orthodoxe que fréquentaient les grands-ducs de Russie, évoquent ce prestigieux passé.

«Quand on se prend à hésiter entre deux plages, l'une des deux, toujours, est Biarritz», disait Sacha Guitry, qui, lui aussi, aimait à y séjourner. Car, outre les têtes couronnées, la station séduisit bien des artistes qu'inspirèrent sa lumière, ses couleurs, ses horizons marins, ou le voisinage des grands de ce monde.

Aujourd'hui, sans perdre de sa vogue, Biarritz a rajeuni son image. Les princes du spectacle et du music-hall ont remplacé ceux du Gotha. Les palais d'autrefois sont devenus des palaces de classe internationale. Des piscines, des tennis, deux casinos, un golf à 18 trous dans la ville même, des commerces de luxe, des restaurants, une forte capacité hôtelière, des installations de thalassothérapie lui assurent chaque année une saison estivale particulièrement brillante. Le trafic de l'aérodrome de Biarritz-Parme-Côte basque confirme éloquemment la fréquentation de cette station balnéaire par une clientèle aisée. Mais de très nombreux campings et des hôtels moins fastueux ouvrent, chaque année davantage, Biarritz à une clientèle plus variée.

En flânant dans Biarritz

Parée de jardins-promenades, ornée d'hortensias géants, Biarritz s'étale au bord d'un rivage déchiqueté de caps, de falaises et d'écueils. Son site est l'un des plus pittoresques du littoral atlantique, et sans doute lui doit-elle une grande partie de son pouvoir de séduction. Il faut parcourir la côte de la pointe Saint-Martin, où est érigé un phare haut de 44 m, à la plage des Basques pour s'en rendre compte.

Sur près d'un kilomètre s'ouvre le large hémicycle de la Grande Plage, gansé de sable fin. Voici le gros rocher du Basta, à la racine duquel est bâti le casino Bellevue. Entre ce rocher et le promontoire

Au gré de la vague

De l'estuaire de la Gironde à la frontière espagnole, le littoral aquitain réunit les conditions favorables pour la pratique du *surf-riding* : une houle assez forte, un vent de terre qui creuse profondément la mer, des vagues qui déferlent régulièrement. Et, au creux du golfe de Gascogne, la Côte basque joint à ces éléments essentiels les fonds rocheux qui accusent encore le déferlement. Aussi attire-t-elle le plus grand nombre de « surfers ».

Né en des temps lointains aux îles Hawaii (il s'agissait à l'origine d'une épreuve de courage et d'adresse à laquelle étaient soumis les prétendants au trône), apparu sur le continent américain seulement au début de ce siècle, le surf-riding a

été introduit en France en 1956 par l'acteur américain Peter Viertel, qui, tournant un film à Biarritz et séduit par les vagues, suscita par ses évolutions un vif engouement pour ce sport tout nouveau. On fabriqua bientôt des planches à Bayonne et à Dax. Puis un premier club de surf français vit le jour et, dès 1962, la France envoya des représentants aux championnats du monde. Aujourd'hui, la Fédération française du surf-riding, qui a son siège à Biarritz, coordonne l'action des clubs (21), contrôle et développe la pratique de ce sport en France.

Qui souhaite s'adonner au surf n'a pas besoin d'un matériel important. Une planche suffit. Elle est en mousse de polyuréthanne recouverte de tissu de fibre de verre et de résine de polyester. Pour surfer, on l'enduit sur le dessus de paraffine, ce qui

→

▲ *L'un des plus célèbres rochers de Biarritz, le rocher du Basta, entouré de récifs.*

Biarritz : le minuscule port des Pêcheurs. Au-delà, la Grande Plage ▼ *et la pointe Saint-Martin.*

de l'Atalaye s'encastrent les bassins du port des Pêcheurs, que des digues entre îlots abritent tant bien que mal. Au large émergent les têtes brunes des récifs, sur lesquelles se brisent les lames. Il faut escalader l'échine du promontoire de l'Atalaye — des escaliers et des allées grimpent dans les rochers parmi les tamaris — pour embrasser le superbe panorama donnant sur la mer et les brisants. Plus avant se dresse le rocher de la Vierge, battu par les flots et environné d'écueils. Une passerelle le relie à la côte, débouchant sur une gracieuse esplanade où s'élève le musée de la Mer, avec son superbe aquarium et ses innombrables documents sur la vie maritime. Vers le sud, la plage du Port-Vieux se niche au fond d'une anse rocheuse; bien abritée, elle connaît l'affluence à l'heure du bain. Au-delà, dépassant les roches du Helde et suivant la Perspective Miramar, on atteint la plage de la Côte des Basques, que dominent de hautes falaises gris-rose. Ici, la mer est sans indulgence et la falaise s'éboule.

En retrait de ce bord de mer, le reste de la ville s'étend sur un plateau verdoyant, avec des crêtes pour toile de fond.

Des stations satellites

Les environs de Biarritz ont leurs propres pôles d'attraction, comme, vers le nord, la Chambre d'Amour et Chiberta, vers le sud, le lac de Mouriscot.

La *Chambre d'Amour* est une jolie plage en forme de croissant, nichée au fond d'une petite anse, au nord de la pointe Saint-Martin, sur la commune d'Anglet. La charmante appellation de cette plage et de ce hameau vient d'une légende attachée à une grotte marine, creusée dans la falaise et que les sables obstruent aujourd'hui presque complètement : au XVIIIe siècle, un berger, trop pauvre pour épouser la fille d'un riche propriétaire, retrouvait en cachette sa bien-aimée dans cette caverne. Un jour, surpris par la marée montante, les deux amants furent noyés. Leurs corps furent retrouvés enlacés dans la grotte, appelée depuis Chambre d'Amour. Cette touchante histoire attira en ces lieux Bonaparte et Joséphine, puis la duchesse de Berry, et maints poètes romantiques.

Non loin de là, le *lac de Chiberta* est encadré de pins. Fermé par un cordon de dunes, il ne possède ni alimentation ni écoulement apparents. Il annonce les grands étangs côtiers de la côte landaise, qui file rectiligne vers le nord. Chiberta est aussi un lieu de distraction satellite de Biarritz. Un jardin zoologique, un hippodrome, un golf, un port de plaisance (inachevé) et une station nouvelle qui se crée aux abords du lac : *Anglet-la-Forêt*.

Les amateurs de voile, que ne favorise guère le site de Biarritz, trouvent de précieuses compensations dans le *lac de Mouriscot*, ou lac

empêche de glisser. La tenue du sportif se limite, l'été, à un bermuda, l'hiver à d'indispensables vêtements isothermiques.

Sport individuel sans grand danger — à condition toutefois de respecter les règles de sécurité (ne pas être isolé, bien connaître l'endroit...) —, le surf requiert des qualités physiques (endurance, bonne forme) et morales (maîtrise de soi, persévérance, patience). Sa pratique consiste, après avoir attaché la planche à sa cheville par un long cordon souple, à gagner le large en ramant à plat ventre sur son esquif, et là, à attendre le moment propice. Ayant choisi « sa » vague, le surfeur rame vers le bord en évitant d'être rattrapé par elle. Quand il se sent entraîné, il se juche debout sur la planche et, en restant le plus près possible du creux de la vague *(curl)*,

se livre à différentes figures : saut en bas de la vague, retour rapide dans le déferlement, surf de dos sur la crête, changement de pied... Il parvient ainsi à chevaucher une vague sur des centaines de mètres ou à surfer dans le creux formé par la vague qui va se briser. Tout ceci exige un long entraînement. ■

Le Musée basque de Bayonne

Installé dans trois vieilles maisons bayonnaises dont un hôtel du XVIe siècle, la maison Dagourette, qui, autrefois, abrita un couvent, puis un hôpital, le *Musée basque* est l'un des plus intéressants musées d'ethnographie régionale de France. Sa visite est une introduction indispensable à la découverte du Pays basque. Les vitrines

▲ *Au Musée basque de Bayonne se perpétue un folklore qui s'efface peu à peu de la vie quotidienne.*

Aux falaises feuilletées de la Chambre d'Amour répondent les balcons étagés ▼ *du « front de mer ».*

de la Négresse, au sud-est de la station. Vaste de 15,6 ha et profonde de 12,40 m en son centre, cette étendue lacustre est bordée de jolies plages ombragées par des pins maritimes. On y pratique le ski nautique et le pédalo.

Les caprices de l'Adour

Vers le nord, la région de Biarritz a pour limite naturelle le dernier méandre de l'Adour. Ce fleuve pyrénéen (il naît dans la vallée de Campan, dans les Hautes-Pyrénées) y serpente sous la surveillance de puissantes digues, destinées à éviter les changements de direction dont l'Adour fut jadis coutumier : la tradition populaire va jusqu'à lui attribuer une vingtaine de lits successifs!

En réalité, le fleuve semble s'être frayé d'abord un passage vers Capbreton, puis, au Xe siècle, il se détourna vers Port-d'Albret (l'actuel Vieux-Boucau). Quatre siècles plus tard, il revint à Capbreton, quand une tempête d'une violence inouïe lui fit reprendre le chemin du sud et se diriger de nouveau vers Port-d'Albret.

Ce n'était pas fini! Au XVIe, il changea encore d'embouchure. Des conflits opposaient, en effet, de façon régulière, Bayonne — qui entendait contrôler la navigation — et Capbreton — qui faisait valoir l'ancienneté de ses droits. Bayonne, dont le port s'ensablait, obtint de Charles IX la mise en œuvre de travaux destinés à détourner encore une fois l'Adour. En 1571, l'ingénieur Louis de Foix fut chargé de creuser le nouveau lit du fleuve au travers des dunes, ce qui fut fait le 28 octobre 1578 : Capbreton et Port-d'Albret furent, dès lors, ruinés au profit de Bayonne, puisque, passant par Boucau-Neuf, l'Adour filait droit à l'Océan, sans intermédiaire.

L'aménagement de l'estuaire n'était pas achevé pour autant. Le fort débit de l'Adour à son embouchure (360 m³ par seconde, soit plus que la Seine sous les ponts de Paris) affronte de face les lames de l'Océan, provoquant le phénomène dit « la barre de l'Adour », qui rend malaisé et dangereux le passage des bateaux. La construction récente d'un puissant brise-lames à l'embouchure a permis de limiter ces inconvénients et d'ouvrir plus largement à la navigation le cours inférieur de l'Adour jusqu'à Bayonne.

Entre Landes et Pays basque, Bayonne

Bayonne, Ibaiona en basque, c'est-à-dire « la bonne rivière », ne tire pas son nom de l'Adour mais de la Nive. Elle s'est en effet construite à la confluence du fleuve béarnais et de la rivière basque descendue des montagnes navarraises. L'étymologie basque de « Bayonne » ne

onsacrées aux héros nationaux que ont ici les grands *pelotari*, les constitutions d'ateliers d'artisans, s meubles, les costumes, les ierres tombales et leurs signes ystérieux sont autant d'éléments ermettant ensuite de mieux onnaître les villages visités. À noter ussi l'exposition retraçant les utations du folklore basque chez s enfants du pays émigrés aux mériques.

La salle la plus fascinante reste ependant celle qui est consacrée à sorcellerie. Une série de tableaux e bois du peintre espagnol José de Peña représente, avec une grande récision, les scènes du sabbat 'après le « Traité de l'inconstance es mauvais anges et démons » de ierre de Lancre (1612). Ce noble onseiller au parlement de ordeaux, qui vint au Pays basque

pour purger la région de sorciers et sorcières, a laissé dans les campagnes un souvenir vivace. C'est par centaines que montèrent au bûcher les victimes de ses investigations.

Une autre section de ce Musée basque est spécialisée dans l'histoire de Bayonne. ■

Un célèbre couvre-chef

De toutes les coiffures régionales, le *béret basque* est sans conteste la plus connue hors de nos frontières. Il existe même à l'étranger des fabricants de ce couvre-chef; on connaît son caractère pratique : il protège contre le froid, il abrite du soleil et de la pluie, il tient peu de place dans la poche ou sous la ceinture.

→

▲ *Accessoire essentiel du costume basque, le béret est encore porté dans le pays.*

Du haut de la cathédrale Sainte-Marie de Bayonne : le cloître gothique et la ville aux toits roses.

doit pas faire illusion, pas plus que sa fonction administrative de sous-préfecture exclusivement tournée vers le Pays basque et peuplée de Basques : la géographie a fait de Bayonne une cité gasconne et l'histoire a confirmé cette appartenance (elle fut capitale de la vicomté de Labourd, rattachée à la Gascogne au XIIe siècle). Entre la ville et l'arrière-pays basque, ce fut une longue suite de conflits. Ce n'est que la paix rétablie et l'attraction urbaine aidant que Bayonne prit la teinte basque très marquée qui est la sienne aujourd'hui. Aspect, d'ailleurs, abondamment illustré par les collections du Musée basque.

Ville chargée d'histoire, berceau de l'abbé de Saint-Cyran, du père de Ravignan et du cardinal Lavigerie, Bayonne a gardé maints témoignages de son passé. De l'ancienne place forte, on retrouve, à l'est, le Château-Neuf, qui date de la fin du XVe, et, à l'ouest, le Château-Vieux, bâti au XIIIe siècle sur les fondations de l'enceinte romaine et remanié au XVIe (il fut résidence des vicomtes de Labourd). Les défenses forment une ceinture fortifiée en forme d'étoile; parfaites par Vauban, elles couvrent encore la face occidentale de la ville. Au pied de la citadelle, que construisit aussi Vauban, sur la rive droite de l'Adour, le quai De-Lesseps avec les Allées Marines, situées de l'autre côté du fleuve, reflètent l'importante activité portuaire de Bayonne, qui s'est aujourd'hui un peu déplacée vers le « port du soufre » de Blancpignon, où l'on traite le soufre de Lacq et les phosphates.

Mais le principal monument de Bayonne est la cathédrale Sainte-Marie, qui se dresse au point culminant de l'ancien oppidum romain, au-dessus des vieux quartiers. Commencé en 1258 et achevé au XVIe siècle, c'est le plus bel édifice gothique de la région dans le style des églises du nord de la France : il a emprunté à la cathédrale de Soissons les sept chapelles rayonnantes du chœur, et plusieurs détails de construction à celle de Reims. Ses deux flèches blanches de 70 m, élevées au XIXe siècle, s'harmonisent fort bien avec le reste du sanctuaire, qui porte, gravé sur ses murs, toute l'histoire de la ville. À la croisée du transept et au bas de la nef, les trois léopards d'or sur fond de gueule, armoiries de l'Angleterre, rappellent la suzeraineté anglaise au Moyen Âge. Les fleurs de lis, bien visibles sur la façade, ont été sculptées après la prise de la cité par le comte de Dunois, ancien compagnon de Jeanne d'Arc, en 1451. Dans une chapelle, une plaque commémore le « miracle de Bayonne », qui accompagna la reddition de la ville après quelque 14 jours de résistance : le jour où les Français s'apprêtaient à prendre possession du Château-Vieux apparut, au-dessus du camp, du côté de l'Espagne, une grande croix blanche et lumineuse, immobile, en forme de crucifix, et bientôt la couronne d'épines du Christ se métamorphosa en fleur de lis. La ville entière vit en cette apparition la volonté du Ciel qu'elle fût française. Il faut encore admirer en cette cathédrale le heurtoir du XIIIe siècle

On l'a qualifié de « basque » sans doute parce que les gens de ce pays, à cheval sur la France et l'Espagne, l'affectionnent particulièrement. Mais il semble qu'il soit d'origine béarnaise. On le trouve donc ailleurs que dans le Pays basque : en Béarn, dans les vallées pyrénéennes, en Gascogne.

Le béret, tel qu'il se présente aujourd'hui, date du XVIIIᵉ siècle. Sa fabrication n'a été mécanisée qu'au début du XIXᵉ; avant, il était tricoté à la main et foulé aux pieds. Confectionné en laine cardée (provenant surtout d'Australie et du Cap), il est le produit de plusieurs opérations successives. D'abord, le *tricotage* sur un métier rectiligne à diminués : on donne au tricot la forme du béret. Puis le *remaillage* : on assemble les deux extrémités du tricotage, les dernières mailles formant la queue du béret. Ensuite intervient le *foulonnage* : le béret est foulé dans une cuve par deux gros marteaux. Sous l'effet conjugué de ces marteaux et du savon ou de l'acide s'opère le feutrage. Enfin, le béret est teint, séché, rasé par des lames métalliques avant d'être paré de la coiffe de cuir et du fond. ■

La chasse à la baleine

L'appel de la mer a toujours été très fort chez le peuple basque, besoin vital qui le poussa très tôt à aller sur l'Océan chercher sa nourriture. Aujourd'hui, les pêcheurs de Saint-Jean-de-Luz, de Ciboure, de Biarritz et d'Hendaye vont capturer des thons jusqu'au large de Dakar. Jadis, leurs ancêtres chassaient la baleine.

▲ *Le vieux Saint-Jean-de-Luz : la place Louis-XIV et la tour massive de l'église Saint-Jean-Baptiste.*

À marée basse, face aux lames de l'Océan, les criques sauvages de Bidart, ▼ *dominées par de hautes falaises.*

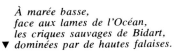

(qui apportait la sécurité au criminel pourchassé qui y plaçait ses doigts), les belles verrières Renaissance de la nef, le vitrail (1531) de la chapelle Saint-Jérôme (dans le bas-côté nord), un portail de pierre des XIIIᵉ-XIVᵉ, qui échappa à la Révolution, et, surtout, le cloître à baies géminées du XIVᵉ siècle, adossé au flanc sud.

Avant de quitter Bayonne, prenons le temps de flâner dans le quartier Saint-André qu'habitaient au Moyen Âge des ordres religieux et des corporations maritimes. Ses rues bordées d'arcades ne manquent pas de charme. À l'automne, il faut aller boire un onctueux chocolat dans l'une des pâtisseries de la rue du Pont-Neuf, en plein cœur de la ville — car Bayonne, qui fut l'une des premières villes de France à adopter cette « gourmandise » au XVIIᵉ siècle, s'en est fait une spécialité. L'amateur d'art choisira d'aller visiter le musée Bonnat, qui abrite les collections léguées à Bayonne par le célèbre peintre de la Belle Époque, Léon Bonnat (1833-1922), natif de la ville. On y trouve une étonnante série de dessins des grands maîtres, ainsi que de prestigieuses toiles signées notamment par le Greco, Ribera et Goya (l'Espagne est proche).

Enfin, à qui peut y faire étape en juillet, la cité bayonnaise réserve un visage plus vivant encore. Cinq journées durant se déroulent des fêtes traditionnelles où la gaieté basque se mêle à l'exubérance espagnole : vingt tonnes de confettis et de pétards, une foule en liesse qu'excitent les orphéons et les « toros de fuego ». Le point culminant de la fête est le lâcher de vaches dans la rue.

Cap vers le sud

De Bayonne, la route, sans passer par Biarritz, conduit directement à Bidart et à Guéthary, deux stations discrètes établies sur les falaises dominant l'Océan. Sur le site le plus accidenté du littoral, *Bidart* entasse, dans de minuscules criques, hôtels, commerces et villas. Pourtant, miracle de la Côte basque, la station garde cette pureté un peu sauvageonne qui accroît le plaisir d'y être en vacances. Elle est restée spécifiquement basque, avec une église du XVIᵉ siècle, surmontée d'un clocher-fronton à porche, et un cimetière avec de curieuses tombes discoïdales. *Guéthary* dispose de moins de place encore. Mais la couleur vive des villas, blanc et rouge ou blanc et vert, qui s'étagent vers le casino et le port, et la lumière qui baigne ce rivage en font tout le charme. Comme à Bidart, du fait de l'absence de mouillage naturel, les habitants ont dû renoncer à la pêche et ont trouvé dans le tourisme une nouvelle orientation.

Mais la véritable réussite de la Côte basque, c'est *Saint-Jean-de-Luz*, située à l'embouchure de la Nivelle, sur le golfe de Biscaye. Là, dans une large baie ovale entre la pointe de Sainte-Barbe et celle de

Cette pêche remonte au Moyen Âge. Elle se pratiquait le long de la Côte basque, où courait alors la baleine « sarde » (ainsi nommée parce qu'elle se nourrissait de sardines). En ce temps lointain, rien n'était perdu. Le lard donnait l'huile qui servait à l'éclairage, au calfatage des bateaux, au tannage des cuirs (comme amollissant); on l'utilisait aussi pour soigner les plaies. La chair était une nourriture fort prisée. Les fanons se prêtaient à divers usages : panaches de casques, manches de couteaux, baguettes... Les mâchoires étaient placées comme ex-voto à la porte des églises. Quant au blanc de baleine (le cerveau fondu), il entrait dans la confection des fards et de certains médicaments, et l'ambre gris (fourni par les concrétions intestinales) était apprécié en parfumerie.

Trente à trente-cinq mille kilos de chair, vingt à trente mille kilos d'huile, quelque six cents fanons..., la baleine était une proie précieuse. Mais il fallait être bon harponneur pour s'en rendre maître, d'autant que le partage se fit longemps au prorata du nombre de dards fichés dans le dos de l'animal. C'est en baleines que s'effectuaient les redevances seigneuriales, et c'est à l'évêque de Bayonne que revenait le meilleur morceau, la langue.

Déplacement des champs de plancton? Réflexe de défense? Les baleines devinrent rares dans le golfe de Gascogne. Les pêcheurs durent les poursuivre de plus en plus loin : au Spitzberg, en Acadie, à Terre-Neuve, ce qui ne fut pas sans susciter des difficultés diplomatiques avec les Hollandais ou les Anglais. Mais, au fil de ces expéditions, ils découvrirent d'autres formes de pêche (celle de la morue notamment) et, par là, d'autres ressources maritimes. ■

Au temps de la « course »

À l'image des Bretons, des Normands ou des Flamands, les Basques jouèrent un rôle important dans la « guerre de course », cette guerre inlassable que les corsaires menèrent, avec la protection de l'État, contre le trafic maritime d'autres pays. C'est en général parmi ceux qui, en temps ordinaire, armaient à la baleine ou à la morue que se recrutaient ces « hommes de guerre ». Les bateaux de pêche étaient transformés en conséquence. Les batailles se déroulaient sur les voies les plus fréquentées et les plus éloignées : à La Plata, au Spitzberg...

Certains de ces capitaines corsaires firent fortune, tel Jean Perits de Haraneder, que Louis XIV anoblit. Tous, par leur bravoure, firent honneur au peuple basque. Quelques-uns d'entre eux sont restés célèbres : au XVIe siècle, François de Lohobiague et Jean d'Arretche; au XVIIe, Louis de Harismendy et Duconte Cépé Dolabarats; au XVIIIe, Larréguy et Olhabarratz. Les plus connus restent cependant Bernard Renau d'Elissagaray, qui révolutionna la conception de la marine et devint l'ami du Roi-Soleil, Joannis de Suhigaraychipi, dit Coursic, dont la petite frégate « la Légère » l'emporta en 1692 sur un vaisseau hollandais de 44 canons, Pellot-Montvieux, le plus facétieux corsaire de la fin du XVIIIe siècle, et

Des galeries à balustres de bois, un monumental retable doré : le style basque à
▼ Saint-Jean-de-Luz.

Socoa, se trouvent rassemblés une vieille ville de corsaires, une plage harmonieuse et le seul vrai port du Pays basque français. Le port — c'est par lui que l'on aborde la station — est dessiné sur la rive droite de la Nivelle. Les bariolages criards des thoniers, le bruit des diesels, le puissant remugle des poissons et des appâts plongent d'emblée le promeneur dans l'ambiance quotidienne. Il faut avoir assisté à la vente des thons à la criée, dans le tumulte du retour à quai, pour se faire une idée de ce qu'est ici la couleur locale.

Les thons, que les pêcheurs luziens vont chercher au large et jusqu'aux parages du Sénégal, ont remplacé la morue que pêchaient

Jean d'Albarade, nommé ministre de la Marine en 1794.

Jusqu'en 1814, la « guerre de course » constitua l'occupation favorite des marins basques. Source d'exploits mais aussi de profits, pour les armateurs comme pour les équipages. ■

Une île historique

Portant le nom d'*île des Faisans* ou *de la Conférence*, elle est située au milieu de la Bidassoa, qui fait office de frontière entre la France et l'Espagne. C'est un îlot plutôt qu'une île, simple dépôt d'alluvions que le fleuve aurait depuis longtemps déplacé, n'eussent été la palissade et les empierrements dont on l'a ceint.

Cette préservation de l'île des

▲ *Les pimpantes maisons de Socoa s'étagent au-dessus du port. En toile de fond, la silhouette de la Rhune.*

Faisans a ses raisons d'être... tout historiques. C'est en effet là qu'en 1469 se rencontrèrent Louis XI, roi de France, et Henri IV, roi de Castille. C'est aussi en ce lieu, mais dans une barque, qu'en 1526 s'effectua l'échange de François Ier contre ses fils tenus en otages. Moins d'un siècle plus tard, l'île fut le théâtre de l'échange de deux royales fiancées : Isabelle, fille de Henri IV, promise à Philippe IV d'Espagne, et Anne d'Autriche, la sœur de ce dernier, future épouse de Louis XIII. Enfin et surtout, en 1659, y fut signé le traité des Pyrénées et négocié le mariage de Louis XIV avec l'infante Marie-Thérèse, petite-fille de Philippe IV. L'année suivante, Louis XIV et Philippe IV y eurent une entrevue pour confirmer le traité et conclure l'union.

jadis leurs ancêtres. Au XVIIe siècle, 70 bateaux morutiers partaient de Saint-Jean-de-Luz pour Terre-Neuve. Avant, on chassait la baleine. En ces temps lointains, Saint-Jean-de-Luz portait son nom basque « Donibane Lohitzun », soit « Saint-Jean-de-la-Boue », car les rives de la Nivelle, alors à l'état sauvage, étaient le domaine des marécages.

Sur le solide quai d'aujourd'hui, la maison Lohobiague (ou maison de Louis XIV), flanquée aux angles de tourelles carrées, voisine avec la maison Haraneder (ou maison de l'Infante), de brique et de pierre selon le style Louis XIII. Ce sont les deux plus belles demeures de la ville, construites par deux dynasties d'intrépides marins. La proximité de ces deux monuments ainsi que leurs dénominations rappellent l'événement majeur de l'histoire luzienne : c'est à Saint-Jean-de-Luz que Louis XIV épousa l'Infante Marie-Thérèse. Le 8 mai 1660, le jeune roi fit son entrée dans Saint-Jean-de-Luz et s'installa dans la maison Lohobiague. Le défilé fut mémorable. « Presque tous les chevaux avaient des plumes et des aigrettes. Les hommes, les chapeaux, les housses, les habits étaient si couverts de broderies, de plumes et de glands, de harnais dorés que cela sentait le Cyrus à plein nez », nous rapporte Mme de Motteville. La milice du Labourd formait la haie d'honneur. Chevau-légers, mousquetaires et officiers de la garde précédaient le carrosse doré du roi. Au crépuscule du 7 juin, l'Infante arriva à son tour, environnée d'une escorte brandissant d'innombrables torches. Elles s'installa dans la maison Haraneder. Et, deux jours plus tard, dans l'église Saint-Jean-Baptiste, de pur style labourdin, fut célébrée la messe solennelle de mariage. Après le mariage, la porte qu'avait empruntée le couple royal fut murée.

Cette église, d'architecture extérieure fort sobre (de hauts murs, peu d'ouvertures, une tour puissante), est le monument le plus curieux de la ville. Que l'édifice date du XIIIe siècle et qu'il ait été reconstruit au XVIe intéresse surtout les amateurs de vieilles pierres. Mais personne ne peut rester insensible à la somptuosité de l'intérieur, à la nef unique couverte de bois peint, vrai bateau renversé manifestement construit par un architecte de navires, aux trois étages de galeries intérieures en bois, redessinées au XIXe, et qui, elles aussi, évoquent des coursives et des bastingages — c'est là que les hommes se placent pour assister à la messe.

Autour de l'église, la ville n'est que venelles et vieilles pierres. Les moindres détails d'architecture y parlent du temps de la « guerre de course ». Car ce port, qui avait engendré de si téméraires navigateurs, fut au XVIIIe siècle le foyer des prestigieux corsaires du roi. Dans la maison qui avait abrité Louis XIV naquit Jean Perits de Haraneder, le Jean Bart basque. Dans les ruelles du vieux quartier, les caronades prises sur les vaisseaux britanniques servent maintenant de gargouilles. Ici vivait le hardi Sopite, qui commandait la frégate « la Basquaise », terreur des Anglais. Là logeait Cépé, à qui Choiseul

confia mission de chercher dans l'archipel de la Sonde des plants de canneliers et de girofliers pour les rapporter dans les îles françaises des Antilles.

Ces vieilles ruelles débouchent sur la plage, dont le croissant de sable fin occupe le creux de la baie. Pour lutter contre la mer, on a élevé le brise-lames de l'Artha, puis, à partir de deux points fermant la baie, les digues de Sainte-Barbe et de Socoa. Ces protections assurent un excellent mouillage et font de la rade de Saint-Jean-de-Luz un port de plaisance très actif l'été. En outre, la station s'est donné un important équipement sportif, des installations de loisir, un casino, plusieurs tennis et le golf très fréquenté de Chantaco.

Dans le rayonnement de Saint-Jean-de-Luz

Il suffit de franchir le pont qui enjambe la Nivelle pour passer de Saint-Jean-de-Luz à *Ciboure*, depuis toujours sa rivale. Ciboure a aussi un petit port de thoniers et des constructions navales. Elle conserve surtout un merveilleux ensemble de maisons basques anciennes, aux balcons de bois ajourés, qui alignent leurs toits à deux pans et leurs façades dont les boiseries, peintes de couleurs vives, tranchent sur la blancheur soigneusement entretenue des hourdis. Sur le quai qui longe la Nivelle, l'une de ces demeures à fronton hollandais s'enorgueillit d'avoir vu naître en 1875 le compositeur Maurice Ravel. Du côté de la terre, le golf de la Nivelle offre un parcours de 18 trous, à l'instar de son vis-à-vis luzien. Vers la mer, la pointe de Socoa porte le vieux fort, remanié par Vauban, et qui montait la garde à l'estuaire de la Nivelle.

À Saint-Jean-de-Luz, la gaieté basque s'efface peut-être un peu derrière un rien de solennité. À Ciboure, au contraire, elle éclate librement. La rue sent le poisson, les filets sèchent aux fenêtres, et ceux qui ont le goût du naturel ne pourront que se plaire en ces lieux.

Pour bien saisir l'harmonie de la baie et l'étroite parenté qui lie Saint-Jean-de-Luz à Ciboure, il faut monter sur la colline de Bordagain. Du haut de la tour du XIIe, juchée au sommet de la colline, on embrasse le panorama de la baie, gardée par ses digues et l'entassement des maisons sur les deux rives de la Nivelle; à l'arrière-plan, le bocage basque s'étend jusqu'à la Rhune, toute proche.

À 4 km de Ciboure, le village d'*Urrugne* vit des jours paisibles et campagnards. Son église du XVIe siècle porte sur sa façade un cadran solaire où est inscrite la devise latine *Vulnerant omnes, sed ultima necat* (« Toutes blessent, mais la dernière tue »). Cette allusion à l'inexorabilité du temps traduit parfaitement l'un des aspects de l'âme basque, familiarisée avec l'idée de la mort. À quelques pas d'Urrugne,

Aujourd'hui, les seules conférences qui intéressent cet îlot, envahi par la végétation, sont les rencontres entre services techniques français et espagnols : ils mettent au point les travaux destinés à juguler l'érosion qui mine cette langue de terre, propriété indivise entre la France et l'Espagne. ■

Promenade dans les profondeurs

Une petite incursion d'une trentaine de kilomètres dans l'arrière-pays permet de trouver la fraîcheur dans les grottes d'*Isturitz* et d'*Oxocelhaya*, au flanc de la colline dite «Gastelu», en Basse-Navarre. Affouillées à deux niveaux différents par une impétueuse rivière, l'Arberoue — qui se creuse

▲ *La féerique grotte d'Oxocelhaya décorée de belles concrétions : ici, la Pagode chinoise.*

La plage d'Hendaye s'étend sur 3 km entre la pointe de la Bidassoa
▼ *et la pointe Sainte-Anne.*

sous la colline un nouveau chemin —, ces cavités sont depuis 1953 reliées par un escalier de 86 marches, ce qui permet une seule visite, des plus attrayantes.

La grotte d'Isturitz, qui s'ouvre sur le versant du village du même nom, est connue de longue date. Son existence est déjà mentionnée dans des documents du XVIIIe siècle. Napoléon III et l'impératrice Eugénie la visitèrent en 1867. Pierre Loti, Francis Jammes en parlèrent avec poésie. Elle se compose de deux galeries parallèles réunies entre elles par plusieurs diverticules. La première a allure de cathédrale, avec sa salle de 120 m de longueur, de 20 m de largeur, de 15 m de hauteur. La seconde (salle Saint-Martin), moins grandiose, tire son charme de l'harmonieuse ordonnance de ses colonnades. Mais cet antre s'est

→

dans un site ombragé, le petit cimetière groupé autour de l'oratoire de Notre-Dame-de-Socorri («du Bon-Secours») est là pour en témoigner, face à l'admirable panorama qui découvre toute la côte. Non loin, le château d'Urtubie, où séjourna Louis XI en 1463, a été transformé par le XVIIIe siècle.

Jusqu'à l'Espagne

Au-delà de Ciboure, la meilleure façon d'apprécier la côte est de suivre la «Corniche basque» jusqu'à Hendaye. La route monte d'abord sur la falaise de Socoa et domine l'Océan de 80 m de hauteur,

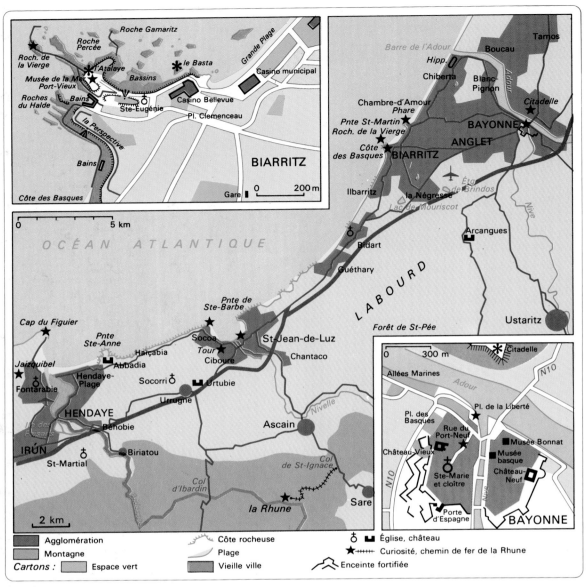

Cartons :

- ▨ Agglomération
- ▨ Montagne
- ▨ Espace vert
- ▨ Vieille ville
- 〰 Côte rocheuse
- 〰 Plage
- ⚭ Église, château
- ★—+— Curiosité, chemin de fer de la Rhune
- 〰 Enceinte fortifiée

surtout révélé précieux pour les préhistoriens. Silex, pointes de flèches et de sagaies, coquillages percés, dessins sur pierres et ornements, gravure... attestent une présence humaine du moustérien au magdalénien.

À la différence de celle d'Isturitz, la grotte d'Oxocelhaya ne fut découverte qu'en 1929. Là aussi, des vestiges du passage de nos lointains ancêtres. Cependant, l'intérêt de la caverne tient essentiellement à son captivant univers de concrétions. Un palais de Mille et Une Nuits, une pagode chinoise, des colonnades orientales... et tant de sculptures insolites (un Père Noël, une Vierge, un sphinx, un père capucin), ainsi que des draperies, des franges. Tout est féerie et finesse.

Alors que ces grottes sont à proximité de la côte, le mystérieux *gouffre de la Pierre-Saint-Martin* est très en retrait, au fin fond du Pays basque. Il s'ouvre au flanc du Soum de Lèche, au sud de Mauléon-Licharre, non loin des gorges de Kakouetta, et étale son réseau souterrain, long de 22 km, en partie sous le territoire espagnol et en partie sous le territoire français. Mis au jour en 1950, il est le gouffre le plus profond du monde (− 1 332 m) et toujours en cours de découverte. Il abrite l'une des plus imposantes salles souterraines connues : la salle de la Verne, longue de 230 m, large de 180, haute de 150. ■

découvrant alors de magnifiques points de vue. Les lames frappent de plein fouet le glacis oblique de la falaise et un énorme travail d'érosion s'exerce sur la structure feuilletée de la roche : ainsi au fil des siècles, la falaise de Socoa a reculé. On peut en juger, à marée basse, lorsque la mer découvre la platière et que l'on distingue la racine des strates arasées par le flot. La force des courants peut atteindre ici une extrême violence : il est arrivé qu'elle provoque, dans l'une des criques, l'échouage d'une des dernières baleines bleues de l'Atlantique.

Puis la falaise s'abaisse un instant pour former la petite baie d'*Haïcabia* et se hausse ensuite, poussant vers le large la pointe Sainte-Anne, que contourne la route. Il faut aller à pied, à travers les dépendances du domaine d'Abbadia, pour admirer les curiosités naturelles de ce promontoire. De part et d'autre de l'avancée rocheuse, deux criques sauvages cachent de gros îlots, presque aussi hauts que la falaise dont l'érosion marine les a séparés. Ce sont, à l'est, la crique de l'Oya avec le rocher du même nom et, à l'ouest, les deux bornes-témoins des Jumeaux, qui annoncent la plage d'Hendaye.

Des Deux-Jumeaux à la pointe de la Bidassoa, *Hendaye* étire l'une des plus longues plages de sable de France. La très faible inclinaison de cette plage (on peut progresser loin dans l'eau sans perdre pied), la finesse extrême du sable et l'absence de courants dangereux à proximité du bord font d'Hendaye la station balnéaire familiale par excellence. Les Jumeaux, à l'est, et l'espagnol cap du Figuier, à l'ouest, encadrent un beau paysage marin. Le prolongement artificiel de la pointe qui sépare la plage de l'embouchure de la Bidassoa et la construction d'une contre-digue sur la rive espagnole de ce fleuve

frontalier ont pour effet de se renvoyer le courant dominant qui règne dans l'estuaire, ce qui contribue à l'ensablement du chenal.

Hendaye est une ville écartelée. Sur le rivage s'étendent les avenues bordées de villas et d'hôtels d'*Hendaye-Plage,* qu'égaie une luxuriante végétation de palmiers, magnolias ou romarins. Cinq cents mètres plus au sud s'est construite *Hendaye-Ville,* sur un escarpement qui domine le fond de l'estuaire de la Bidassoa; elle groupe les petits commerces de la commune autour d'un ancien fortin désaffecté. C'est à Hendaye-Ville que se situe l'un des principaux ponts internationaux reliant la France à l'Espagne; l'autre est à Béhobie, 2 km en amont.

La proximité de la frontière n'est pas le moindre attrait, car les frontaliers vont souvent faire leur marché à Irún, la ville espagnole la plus proche. Le panorama de la rive espagnole compose d'ailleurs une agréable toile de fond. *Irún* et la vieille ville de *Fontarabie,* avec son clocher baroque, égrènent leurs maisons au pied de la montagne du Jaizquibel, qui avance dans la mer le cap du Figuier, où se découpe la silhouette d'un vieux fort.

À l'est de la Bidassoa, la frontière court à travers le labyrinthe des montagnes labourdines. Les pluies fréquentes y entretiennent une éclatante verdure sur les premières pentes. Du mont Choldocogagna au pic de la Rhune (ou Larruna), ces versants, quadrillés par le bocage, composent la mosaïque en camaïeu vert qu'a si bien su rendre le peintre basque Ramiro Arué. De ces hauteurs agrestes, le regard descend insensiblement sur des champs semés de fermes blanches à toits rouges et sillonnés de chemins. Le charme secret de la Côte basque est là, dans cette union de trois paysages : des montagnes, une campagne et la mer.

claires maisons en verte campagne
les villages basques

◄◄ *Le Labourd*
montagneux et boisé
des environs de Sare.

▲ *Sobre et pimpante,*
une authentique maison
du Labourd (Aïnhoa).

Aux environs de Larrau, ►
prés et bois à l'assaut
de la montagne.

De part et d'autre des Pyrénées,
sept provinces pour un pays qui,
depuis des siècles,
demeure opiniâtrement fidèle à lui-même.
Dans le Labourd, en Basse-Navarre et en Soule,
les trois provinces françaises,
blanches fermes et riants villages,
éparpillés dans un cadre serein de montagnes,
donnent à la terre basque toute sa couleur.

2. Villages basques

Villages basques. 3

▲ Dans le cimetière de Jatxou,
une tombe discoïdale typique,
usée par le temps.

Généralement au cœur du village,
l'église et le cimetière fleuri
où se dressent de mystérieux disques tumulaires,
marqués d'une croix proche du svastika,
sont indissolublement liés
à la vie du peuple basque.
De ses ancêtres, celui-ci a hérité
un sens profond de la religion et de la mort.

◄ Le Basque
a le culte
des morts...

◄ Seuls les hommes
ont accès
aux galeries
de l'église
(Saint-Martin-
d'Arberoue).

Isolés ►
dans la montagne,
l'église romane
et le cimetière
de Sainte-Engrâce,
village de bergers.

*Solitaire dans une campagne verdoyante
ou serrée près de l'église,
etche, la maison,
reste le bastion de la cellule familiale
à laquelle les Basques vouent un véritable culte.
Elle ne manque pas de caractère
avec le chaud coloris de ses colombages,
la blancheur de ses murs chaulés
et les vieilles inscriptions gravées
au-dessus de la porte ou des fenêtres.*

◄ *Gravés sur un linteau au-dessus d'une fenêtre,
l'année de la construction et le nom du premier
propriétaire personnalisent la maison basque.*

▲ *Robuste race pyrénéenne,
les moutons manech
font partie du décor.*

▲ *Intérieur
d'une maison basque.
(Musée de Bayonne.)*

*Tomates, ail,
oignons et piments,
ingrédients
de la gastronomie basque.
Et le fameux
jambon de Bayonne...* ▶

8. Villages basques

▲ *Espelette,
la fête du piment.*

*Fabrication ▶
du chistera,
accessoire
traditionnel
du pelotari
(Ascain).*

Tout aussi vivaces sont les traditions
qui étayent le mode de vie des Basques.
Le pittoresque se réfugie parfois au musée,
mais ne saurait disparaître ce goût de la fête et du jeu,
auxquels cette contrée a si bien su conserver
leurs valeurs authentiques.

▲ Église, cimetière
et fronton
voisinent
à Iholdy.

▲ Indissociable de la fête,
le txistulari avec sa flûte
à trois trous.

Rapidité, ▶
souplesse
et endurance
sont indispensables
pour la pratique
du grand chistera.

◀ La gracieuse
danse des pommes.

La place et le fronton sont également
les hauts lieux de l'animation villageoise;
fêtes et jeux s'y déroulent selon des rites séculaires.
Les souples évolutions des pelotaris,
gantés du célèbre chistera,
les entrechats aériens des danseurs
— tenue immaculée pour les premiers,
costumes bigarrés pour les seconds —,
c'est là le vivant reflet d'un peuple
attaché à son individualité.

▲ *Dans la Vallée des Aldudes,*
le pittoresque village
de Saint-Étienne-de-Baïgorry.

À l'extrémité sud-ouest de la France, enserré entre l'Océan et le Béarn, dans un cadre harmonieux et paisible de montagnes et d'eaux vives, le Pays basque demeure — pour reprendre la définition d'un historien — un véritable « peuple-île », fidèle à ses traditions ancestrales, indifférent, semble-t-il, aux mutations de notre monde. « Zazpiak Bat », « Sept en un seul », affirme le dicton et, de fait, l'écu basque réunit les armoiries de sept provinces. Une entité, donc, sinon politique *(Euzkadi)*, du moins géographique *(Eskual Herria)* et ethnique. Ces provinces, une frontière les répartit de part et d'autre de la cordillère pyrénéenne, leur imposant du même coup un mode de vie nettement différencié. Mais, espagnole ou française, la population reste avant tout basque, avec l'originalité de sa race et de sa langue, avec sa simplicité exemplaire et son profond attachement au pays. C'est un peuple qui se livre peu, noble et énigmatique, probe et mystique, fataliste à ses heures. Grave et joyeux à la fois, il a conservé le goût des jeux, des danses et des fêtes, « cérémonies » aujourd'hui encore indissociables de cette terre où « la Nature est aussi heureuse que l'homme » (Taine).

Si les provinces espagnoles sont plus peuplées et plus industrialisées, le *Labourd*, la *Basse-Navarre* et la *Soule*, toutes trois intégrées à la France, ont, à l'exception de la bordure côtière, livrée au tourisme, gravement souffert de l'émigration. Un mal inhérent au pays, car le Basque joint paradoxalement à son amour de la cellule familiale la passion de l'aventure. Très tôt, la pêche à la baleine, celle de la morue l'attirèrent loin de son terroir. Le pilote de Christophe Colomb était basque, basques étaient les charpentiers de l'Invincible Armada. Basques aussi les bergers qui, à l'heure actuelle, gardent les troupeaux de moutons du Nevada, cependant que, en Amérique latine, d'autres émigrés semblent éprouver une prédilection particulière pour le métier de président de la République. Depuis plus d'un siècle, en effet, les Basques ont été nombreux à chercher fortune dans ces « terres neuves ». Mais ils n'oublient pas pour autant le pays et, l'été, il arrive de voir dans quelque étroite rue de village l'immense voiture américaine du fils prodigue qui a réussi outre-Atlantique et qui vient revoir sa terre natale.

La terre euskarienne

Ce pays fut-il découvert, comme le veut la chronique, par Aïtor, l'un des rares hommes qui échappèrent au Déluge? Ce n'est qu'une hypothèse parmi bien d'autres. L'origine du peuple basque n'a pas encore été élucidée. Lui-même se dit le plus ancien d'Europe et, à défaut de tradition écrite, prétend que Dieu créa le monde en basque. Du moins a-t-on pu déceler la présence humaine sur cette terre dès

15 000 avant notre ère, grâce à des fouilles qui ont mis au jour crânes, gravures et dessins. Les précisions historiques ne nous viennent qu'à partir du VIIᵉ siècle avant J.-C. À l'actuelle Navarre et à ses abords, occupés par la tribu des Vascons, Rome imposa sa loi. Mais après la chute de l'Empire, à l'époque des grandes invasions, les Vascons durent fuir devant les Wisigoths et, remontant jusqu'à la Garonne, ils se rendirent maîtres de tout le sud-ouest de la Gaule (on devait les retrouver plus tard en la personne des Gascons, de langue romane). De cette domination sur l'Aquitaine, Charlemagne eut bien du mal à venir à bout : un échec devant Saragosse, la destruction de Pampelune, la mort de Roland à Roncevaux, tué par les Euskariens et non par les Sarrasins ainsi que le prétend *la Chanson*. Le bilan fut des plus tragiques.

Trois siècles plus tard, un double courant mystique marquait définitivement le peuple basque : l'avance musulmane contraignait des congrégations monastiques à remonter vers le nord, tandis que les croisades et les pèlerinages à Saint-Jacques-de-Compostelle entraînaient vers le sud des flots de pieux chrétiens. Au XVᵉ siècle, Navarre et Béarn furent réunis par un mariage, celui de Gaston IV de Foix-Béarn avec Éléonore de Navarre, alors que Soule et Labourd, qui jusque-là relevaient de l'autorité du duc d'Aquitaine, roi d'Angleterre, retournaient définitivement à la couronne de France. Terre d'élection des pratiques occultes — d'ailleurs sévèrement réprimées à la Renaissance —, le Pays basque vit éclore au XVIIᵉ siècle de grandes vocations religieuses, jésuitiques (Ignace de Loyola, François Xavier) et même jansénistes (Du Vergier de Hauranne, futur abbé de Saint-Cyran). Puis souffla le vent de la Révolution qui, en fait, ne toucha guère le pays, puisque les Basques jouissaient déjà de longues traditions démocratiques. Malheureusement, le refus de la Basse-Navarre d'envoyer des députés aux États généraux provoqua d'atroces déportations — les dernières épreuves que l'histoire infligea, du côté français du moins, à ce peuple fier et indépendant dont la langue a subsisté, intacte, à travers les siècles.

C'est, en effet, la seule langue préaryenne ayant résisté à l'invasion indo-européenne et dont l'évolution n'ait pas suivi les lois des langues romanes. En son temps, Rabelais mit un discours en *eskuara* dans la bouche de Panurge. De nos jours, 500 000 personnes environ le parlent, et les universités du Sud-Ouest en dispensent l'enseignement.

Un « pays fort bossu »

« Les Basques savent tous la mer et la montagne », disait Victor Hugo. Marins sur la côte, ils sont fermiers dans l'arrière-pays, bergers sur les hauteurs. Le relief accidenté, la difficulté des communications,

La pelote basque

Née Basque, dérivée du jeu de longue paume qui descend lui-même de l'harpaste romaine, la pelote basque est désormais un jeu pratiqué dans le monde entier. En 1968, elle est apparue aux jeux Olympiques de Mexico, et le nombre de ses licenciés s'accroît chaque année.

La *pelote* est la balle que les joueurs projettent contre un mur (*fronton*). Cette balle peut peser de 50 à 200 g, et il en existe d'innombrables variétés. Généralement, elle se compose d'un cœur de caoutchouc entouré de laine, puis de fil, le tout recouvert de peau de mouton ou de chien. Sa fabrication reste artisanale et les connaisseurs jugent de sa qualité à l'oreille, d'après le claquement produit quand elle frappe le fronton.

Dans certains jeux, la pelote est tout simplement en caoutchouc.

La forme la plus pure du jeu de pelote, la plus directe aussi, est le *jeu à main nue*. On utilise également le gant de cuir en forme de cuillère, et le *chistera*, gouttière d'osier inventée au XIXe siècle. Le grand chistera devint populaire grâce au talent de Joseph Apestegui, dit Chiquito de Cambo, dans les années 1900. Le petit chistera fut mis en vedette par Jean Urruty dans l'entre-deux-guerres. Mais il y a aussi le *sare*, ou raquette argentine, qui comporte une poche de corde ou de Nylon placée dans un cadre recourbé, la *pala* ou *paletta*, palette de bois qui affecte un peu la forme d'une massue.

La variété est tout aussi grande dans les terrains. La *place libre* est un terrain ouvert limité par un

⟶

▲ *Le jeu de rebot,
l'une des formes
les plus spectaculaires
de la pelote basque.*

*Profonde entaille
aux parois tapissées de verdure.
les gorges de Kakouetta,
▼ près de Sainte-Engrâce.*

tout autant que le morcellement de la propriété, ne permettent toutefois pas la grande culture. Les activités agricoles en sont donc restées à des dimensions modestes comme à des méthodes bien souvent archaïques. Car le Pays basque est fief de la montagne et, si les Pyrénées perdent là de leur sauvage grandeur, elles confèrent à la région son visage fortement caractérisé : quelques sommets, les derniers de la chaîne (hors le pic d'Orhy, 2017 m, la plupart ont à peine plus de 1000 m); des passages célèbres, tel le col de Roncevaux, et d'autres qui le sont moins, mais où la contrebande a acquis ses lettres de noblesse; des crêtes escarpées, comme dans la région de la forêt d'Iraty; des vallées aux courbes gracieuses; des coupures profondes — le cañon des gorges de Kakouetta, par exemple; et beaucoup de rochers sur lesquels bondissent les gaves. Toutes beautés naturelles rassemblées en des paysages plutôt doux qui doivent leur abondante verdure et leur fraîcheur aux influences océaniques. La pluie y est fréquemment persistante — violente même,

au printemps, elle nourrit les innombrables cours d'eau —, mais, lorsque le soleil y règne, il semble que ce soit sans partage. Bouquets de chênes, champs de maïs, massifs d'hortensias alternent sous un ciel éternellement changeant que le *sorsina*, « le sorcier » (vent du sud), peut quelquefois mettre en fureur.

Cette Aquitaine méridionale serait-elle le reflet de l'imaginaire Arcadie? Peut-être Salvien, théologien du Ve siècle, en a-t-il eu l'idée quand il écrivit : « Toute entrelacée de vignes, fleurie de prés, émaillée de cultures, regorgeant de fruits, recréée par ses bois, rafraîchie par ses eaux, sillonnée de rivières, hérissée de moissons, ainsi s'épanouit-elle à nos yeux. Voyez-la et dites si les maîtres de ce domaine ne semblent pas détenir, au lieu d'un morceau de terre, une image du paradis. »

Une journée peut suffire à en faire le tour. Le Pays basque ne dépasse pas, côté français, 80 km dans sa plus grande longueur, et n'englobe que 275 863 ha. Les routes y sont étroites, sinueuses, et les moutons ont la curieuse habitude de paître l'asphalte à la sortie des virages. Une campagne en vérité peu faite pour les dévoreurs de kilomètres et où il faut savoir marcher, s'arrêter, emprunter les petits chemins, s'inventer des détours, courir le risque de gravir des sentiers de chèvre, camper dans un vallon ombragé de cyprès, au bord d'un gave, si peu pollué encore que truites farios et saumons continuent d'y sauter. Aussitôt que l'on grimpe un peu, les maisons se raréfient, et on ne distingue plus que les points blancs des moutons sur le vert des prairies et le brun des rochers. Cette qualité de vert aux infinies nuances qu'ont les prés devrait, à elle seule, faire la célébrité du Pays basque. Le vert irlandais n'est-il pas mondialement réputé?

Pour appréhender le pays dans son ensemble, avant d'essayer de le mieux connaître, il faut, entre Bayonne et Cambo, suivre la Route impériale des cimes que Napoléon fit construire pour des raisons stratégiques lors de la guerre contre l'Espagne; cette voie réserve des surprises, car ses détours sont imprévisibles. Au-delà des genêts qui la bordent, se dessinent les collines rondes, l'enchevêtrement des gaves et des nives, et, vers Saint-Jean-Pied-de-Port, on aperçoit un de ces « ports » ou cols, lieux d'échanges entre la France et l'Espagne, parcourus quelquefois par ces petits chevaux trapus à longue queue, les *pottoks*, qui évoquent les poneys des Shetland et dont les ancêtres servaient de gibier à l'homme des cavernes.

Un habitat riant

Dans ce cadre pastoral, parfois austère, l'homme a imprimé une note chantante avec ses demeures claires, joyeusement badigeonnées de chaux. Les villages sont dispersés au pied des collines, mais tous

fronton; ses dimensions minimales vont de 35 m de profondeur pour la main nue à 90 m pour le rebot. Le *mur à gauche* est un mur construit le long du grand côté gauche, à angle droit avec le fronton. Avec Petit Fronton (35-40 m), il est utilisé pour le jeu à main nue ou pour la pala corta; avec Grand Fronton, pour le jeu de cesta-punta. Quant au *trinquet*, il s'agit d'une salle couverte qui évoque les anciens jeux de paume. Des galeries latérales sont réservées au public. C'est au trinquet que les parieurs se manifestent le plus, et qu'on se rendra si on veut bien se pénétrer de l'ambiance si particulière au jeu.

Les jeux à *main nue* et avec *pala* sont les plus répandus; ils se jouent aussi bien en place libre qu'au mur à gauche et en trinquet. Avec le grand chistera, le jeu le plus spectaculaire, et désormais le plus populaire, est celui de *cesta-punta,* dont les parties extrêmement rapides, jouées avec une pelote de gomme qui part comme un boulet et requiert mille acrobaties, se déroulent mur à gauche. Le *yoko-garbi* se joue en place libre avec un petit chistera. Le *grand chistera,* pratiqué fréquemment en nocturne pendant la saison, permet de conserver la pelote un instant au creux de la gouttière (alors qu'au yoko-garbi, elle doit être renvoyée aussitôt). Le jeu de *rebot* se déroule avec un petit chistera en place libre; c'est l'une des formes les plus anciennes et les plus compliquées de la pelote basque. Dans le jeu de *remonte,* qui se pratique au mur à gauche, la difficulté réside dans le fait que le chistera ne comporte pas de poche : c'est le jeu du *coup glissé.* Le

▲ *Les motifs qui décorent le makila sont gravés sur la branche de néflier, avant que celle-ci soit coupée.*

groupés autour de leur église et de leur cimetière. Les fermes s'égaillent dans la vallée ou la montagne, parfois assez éloignées des bourgs, cernées de champs que clôturent des haies épineuses ou de grosses pierres plates fichées en terre, tels des menhirs. En altitude, de rudimentaires *cayolars* (cabanes) abritent les bergers solitaires qui, pendant l'été, y fabriquent des fromages, du lait de leurs brebis à tête busquée. Pour le cultivateur comme pour le berger, tout est là, séculairement quotidien : les travaux, les semailles, les labours, les fêtes et les joies. « Faire les mêmes choses que, depuis des âges sans nombre, ont faites les ancêtres, et redire aveuglément les mêmes paroles de foi, est une suprême sagesse, une suprême force. » Derrière ces mots que Loti prête à Ramuntcho, c'est le véritable secret de la terre basque qui apparaît en filigrane et qui affleure à chaque moment de la vie de ses habitants. *Etche :* la maison. Au Pays basque, tout dépend d'elle. Fièrement signée, au-dessus de la porte d'entrée, du nom de ses premiers maîtres, ou de ceux qui l'ont restaurée, elle héberge le couple fondamental, le couple souche éternellement recommencé. D'aîné en aîné — et ici l'aîné n'est pas toujours le premier-né (il peut être tel autre enfant, plus riche ou plus apte à assurer la descendance, que le père a désigné) —, elle passe, sans rien accorder aux cadets que l'essentiel, le nom qu'ils portent et qu'ils emportent avec eux au bout du monde, en Chine, en Amérique. À cela, tous les codes civils du monde n'ont jamais rien changé. Aujourd'hui encore, l'« etche » ne saurait être, par définition, qu'une et indivisible.

En un temps où il n'est question que d'écologie et de qualité de la vie, une visite de l'arrière-pays basque prend allure de révélation. Comme s'il s'agissait là de la chose la plus naturelle du monde, les Basques nous montrent ce qu'est un village authentique, fait des seuls matériaux locaux, et qui s'intègre parfaitement au paysage. Si, au fil des provinces, le style des maisons diffère, le principe reste le même. Les critères ancestraux sont immuables : une maison est faite pour durer autant qu'une dynastie de paysans; si l'on veut rester en bonne intelligence avec ses voisins, mieux vaut ne pas trop se serrer contre eux; et, puisqu'il faut environ mille ans pour réussir un village, il serait absurde de l'abîmer en quelques années, sous prétexte que l'on détient de nouvelles techniques de construction.

Le Pays basque a trois maisons

C'est dans le Labourd, au plus près de l'Océan, que la maison basque, d'une blancheur éclatante, avec ses pans de bois vert ou rouge, présente sa silhouette la plus caractéristique. Compacte, pesant de tout son poids sur son lopin de terre, avec son toit de tuiles

romaines plus ou moins incliné, elle s'oriente de préférence vers le levant, offrant un mur aveugle à la pluie qui vient de l'Océan. Le rez-de-chaussée est en pierre, le reste en torchis. Au balcon, des épis de maïs qui sèchent. Et des fleurs à profusion. Mais laissons la plume à Pierre Loti : « La maison de Gracieuse était très ancienne, comme la plupart des maisons de ce Pays basque, où les années changent, moins qu'ailleurs, les choses... Elle avait deux étages; un grand toit débordant, en pente rapide; des murailles comme une forteresse, que l'on blanchissait à la chaux tous les étés; de très petites fenêtres, avec des entourages de granit taillé et des contrevents verts. Au-dessus de la porte de façade, un linteau de granit portait une inscription en relief; des mots compliqués et longs, qui, pour des yeux de Français, ne ressemblaient à rien de connu. Cela disait : « Que notre Sainte Vierge bénisse cette demeure, bâtie en l'an 1630 par Pierre Detcharry, bedeau, et sa femme Damasa Irribarne, du village d'Ustaritz. » Un jardinet de deux mètres de large, entouré d'un mur bas pour permettre

pasaka (ou gant de cuir) se joue au trinquet, de part et d'autre d'un filet. Le jeu de *sare* enfin, qui nous vient de l'Amérique du Sud, se pratique également au trinquet avec filet. ■

Orgueil du Basque, le makila

Pour un adolescent, la remise du *makila* est un honneur et atteste que le jeune homme a dépassé le stade de l'enfance. Tout Basque, quelles que soient ses origines sociales, possède son makila, tressé de cuir ou gainé de métal, sobrement travaillé ou richement ornementé. C'est le bâton de promenade. C'est aussi celui que le bouvier utilisait autrefois comme aiguillon. Ce peut être encore la redoutable canne à épée qui, pour certains, de caractère batailleur, fit office d'arme : rares

étaient les marchés qui, dans la région limitrophe du Béarn, n'étaient pas le théâtre de rixes entre Basques et Béarnais. Le makila était indissociable de la vie quotidienne. Aujourd'hui, son usage tend à se perdre et ses acheteurs, encore nombreux, viennent d'autres horizons : désormais, il s'agit en grande partie de touristes.

Les contrefaçons sont innombrables. Il n'y a, en fait, plus que trois artisans qui continuent à fabriquer d'authentiques makilas selon les méthodes ancestrales : à Bayonne, à Bassussary et surtout à Larressore, près de Cambo. Ce métier difficile se transmet de père en fils. Chaque fabricant grave sa signature.

À l'origine, le makila était l'œuvre d'un forgeron. Peu à peu il exigea un véritable travail artistique et devint

le fait d'un spécialiste. Il faut, en effet, des doigts experts, du goût et un don créateur pour élaborer ces cannes ouvragées. Celles-ci sont faites d'un bois très robuste : en l'occurrence des branches de néflier, arbrisseau très rameux qui répond à cette caractéristique.

Au printemps, on pratique sur les branches des incisions, dessinées suivant la fantaisie de l'auteur. Le rameau, une fois coupé, requiert au moins deux ans de séchage, période au terme de laquelle on lui adjoint à la base un embout de cuivre travaillé. Au sommet, un autre embout de métal ciselé, prolongé par une pointe acérée de 7 cm environ, est coiffé d'un manche amovible de cuir tressé. Ce manche se termine par un pommeau de corne ou de métal, assujetti par une virole métallique de plus ou moins grande

▲ *Canne-épée, symbole de l'honneur basque, le makila.*

Murs blancs et haut toit d'ardoise :
▼ *une ferme souletine.*

Rien ne semble devoir changer dans
▼ *le petit village de Sare...*

gaie que sa voisine labourdine, mais elle semble construite encore plus solidement, comme pour être éternelle. Avec la maison souletine s'annonce déjà le Béarn. Les bâtiments de la ferme sont disposés en équerre, les murs montés en moellons ou en galets; le toit d'ardoise se fait encore plus pointu et a quatre versants. Plus de décoration ni d'inscription : les lucarnes restent la seule coquetterie de la toiture. Mais, d'un bout à l'autre du pays, l'essentiel demeure; la maison place sous un même abri bêtes et gens. Elle réunit l'étable, la resserre à outils, la chambre des maîtres où un baldaquin et des rideaux de toile donnent au lit des allures d'alcôve, la cuisine avec ses brocs à deux anses, ses jambons pendus aux poutres et son râtelier à fusils. Au mur est accrochée la *xahakoa*, gourde en peau de bouc retournée qu'il faut vider à la régalade. Dans un coin, le *zuzulu*, banc à haut dossier droit dont une partie se rabat pour faire table; il sert aussi de coffre pour le beau linge typique, au solide tissage en diagonale, orné de rayures de couleurs vives, et que l'on retrouve aujourd'hui sur les tables de bien des restaurants.

de voir passer le monde, séparait la maison du chemin; il y avait là un beau laurier rose de pleine terre, étendant son feuillage méridional au-dessus des bancs des soirs, et puis des yuccas, un palmier, et des touffes énormes de ces hortensias, qui deviennent géants ici, dans ce pays d'ombre, sous ce tiède climat enveloppé si souvent de nuages. Par-derrière ensuite, venait un verger mal clos, qui dévalait jusqu'à un chemin abandonné. » À Ustaritz, Iholdy, Itxassou, les rues sont bordées de maisons de ce type et si, d'un village à l'autre, il y a quelques variations, celles-ci sont infiniment subtiles.

En Basse-Navarre, les colombages disparaissent, la tuile se marie à l'ardoise selon l'orientation de la toiture, au faîte plus accusé. Le grès rouge (« pierre de Bidarray ») fait son apparition, indice d'une influence nettement espagnole. La porte d'entrée devient un véritable monument signé, daté et paraphé par les fondateurs de la maison. Avec de beaux claveaux de pierres apparentes et des balcons qui tournent en rond, la maison bas-navarraise est plus austère, moins

Les tribunes de la foi

Si la maison est le cœur de la vie familiale, l'église est le cœur du village. Massive, austère avec ses airs de grosse ferme, elle étincelle à l'intérieur de tout l'or du maître-autel. À certaines variantes près, elle conserve dans les trois provinces un style qui semble défier siècles et modes et qui rend hasardeuse toute tentative de datation. Dans le

valeur (argent ou cuivre). La hauteur totale du makila est proportionnelle à la taille de l'individu. Il porte généralement une devise ou une inscription, choisie par son propriétaire. ∎

Le Critérium des cimes

Depuis 1951 se déroule, chaque année (les premiers samedi et dimanche de septembre), une épreuve automobile particulièrement difficile et pittoresque, qui lance des véhicules tout-terrain à l'assaut de sentiers de montagne aussi défoncés et boueux que possible, et dont certains offrent des pentes pouvant atteindre 40 p. 100.

L'origine de l'épreuve remonte à l'époque où les troupes américaines quittèrent la France, après la Seconde Guerre mondiale, laissant derrière elles des Jeep que de jeunes Basques pouvaient acquérir à bon compte. Initialement, il s'agissait pour eux de rejoindre plus facilement les prés où pâturaient leurs brebis. Progressivement, la compétition s'en mêla; on se lança des défis d'un village à l'autre pour savoir qui atteindrait le premier tel sommet. Dès lors, il ne restait plus à l'Automobile-Club basco-béarnais qu'à codifier la chose. Ainsi naquit une épreuve qui connaît une vive popularité.

Chaque automne, le « Critérium des cimes » attire une bonne cinquantaine de concurrents qui s'affrontent en une douzaine de courses de côtes entre Licq-Athérey et Saint-Jean-de-Luz. Au total, 40 km de montagne pure et 200 km d'itinéraires de liaison. Depuis

▲ *Du pic d'Orhy,*
la vue s'étend sur
la chaîne des Pyrénées
et le pic d'Anie.

Le « zamalzain »,
à la fois cavalier et cheval,
personnage
▼ *de la fameuse danse du verre.*

Labourd, une tour carrée, des escaliers extérieurs et une nef unique semblable à celle, si célèbre, de Saint-Jean-de-Luz qui vit le mariage du Roi-Soleil et de l'infante Marie-Thérèse. En Basse-Navarre, les clochers s'élancent plus franchement, et, dans la Soule, ils arborent les trois pignons qui représentent la sainte Trinité.

Mais l'originalité profonde de l'église basque réside ailleurs, dans ces curieuses rangées de deux ou trois galeries qui cernent les murs intérieurs et qui sont réservées aux hommes. Femmes et enfants prient en bas, dans la nef, et rien ne semble devoir jamais interrompre cette étrange ségrégation.

Si les jeunes Basquaises délaissent à peu près complètement la mantille, leurs aînées portent encore à la messe la mante noire, ou *kaputcha*. Il faut suivre, un dimanche après l'office, la procession de ces femmes vêtues de sombre au-delà de la herse horizontale qui clôt l'entrée du cimetière, tout chargé de mystère et de symboles. Les rangées de stèles discoïdales portent souvent la croix basque (semblable au *svastika* indien) et sont ornées de représentations stylisées d'instruments de travail, de blasons, ou du monogramme du Christ. Inséparables du patrimoine familial, certaines de ces stèles, qui ont mille ans, semblent dériver directement du menhir.

Les communions profanes

Un « peuple qui demeure ou plutôt qui saute au pied des Pyrénées », ainsi s'exprimait déjà Voltaire en parlant des Basques. Cette

silhouette traditionnelle du Basque coiffé du béret, chaussé d'espadrilles, portant le *makila*, « sautant et bondissant », semble directement issue d'un de ces clichés commodes qui exaspèrent ceux qui en font les frais. Demeure, hors ces images trop rebattues, un indéfectible attachement aux traditions (costumes, jeux, chansons et danses) que les natifs de Sare ou d'Aïnhoa considèrent toujours, où qu'ils se trouvent, comme une part inaliénable de leur héritage.

Ce n'est pas, en effet, pour le seul plaisir des touristes ou des photographes qu'à 5 heures du soir, l'été, les enfants, curé en tête, se précipitent vers le *fronton*. Mur d'église, de cimetière ou de mairie, ou bien construit en plein champ, le fronton, ordinairement peint en ocre rose, est le lieu où s'affrontent les futurs champions et les écoliers en rupture de ban. Qu'elle se joue à main nue ou gantée de cuir, à l'aide de la palette de bois ou du *chistera* d'osier, la pelote et ses claquements appartiennent à un univers sonore et dansant, absolument inséparable du microcosme basque.

Adulte, l'écolier dont les mains calleuses témoignent de son assiduité au fronton deviendra peut-être l'un de ces *pelotaris* vêtus de blanc qui font l'objet d'un culte semblable à celui dont bénéficient, un peu partout dans le Sud-Ouest, les meilleurs joueurs de rugby.

Si la pelote descend du jeu de paume, les danses basques viennent de France ou d'Espagne. Bien qu'il s'agisse d'importations, le tempérament local a su leur donner un caractère plus haut en couleur. En Labourd, le fandango espagnol perd en expression amoureuse ce qu'il gagne en hiératisme : danseur et danseuse se font face sans jamais s'effleurer, bras arrondis tendus vers le ciel. En Soule, les costumes sont riches de couleurs et de broderies. Les danseurs évoluent, visage impassible, buste immobile, jambes incroyablement agiles. Danse des bâtons et danse des épées symbolisent des affrontements de bergers, de guerriers, de contrebandiers. Les mascarades voient déferler dans les rues un cortège de diables rouges, de seigneurs, de gentes dames, de cantinières, formant toute une cour autour du roi et de la reine de la fête : Yauna et Anderia. En Basse-Navarre comme en Soule, les costumes sont très chamarrés, et la danse la plus populaire est sans doute la danse du verre, exercice de haute précision qui se pratique avec la complicité du *zamalzain*, créature mythique, à la fois homme et cheval. Plus subtile encore, la danse des volants prend, grâce à la baguette habillée de rubans que tiennent les danseurs, une allure de pastorale.

Les *pastorales* proprement dites, qui perpétuent la tradition des mystères médiévaux, donnent lieu à des représentations interminables. Le diable et le Bon Dieu, Napoléon et Moïse, Turcs et chrétiens se côtoient dans des situations où tragique et burlesque se mêlent au mépris de toute vraisemblance; mais, pour que les choses restent claires, les bons sont habillés en bleu et les méchants en rouge.

quelques années, les buggies viennent contester la longue suprématie des Jeep; ils ont pour eux l'avantage de la légèreté et de la nervosité.

Les parachutistes en garnison à Tarbes contribuent au succès du Critérium en participant de près à son organisation et en fournissant plusieurs concurrents chaque année. Mais, au Pays basque, le héros de l'épreuve reste Joseph Etchecopar, qui a participé à la plupart des compétitions, depuis leur création. ■

La chasse à la palombe

Fin septembre ou début octobre, des coups de fusil se font entendre : ceux qui, en dépit des protestations des amis des oiseaux, continuent d'accueillir dans tout le Sud-Ouest

les palombes qui descendent alors du Nord vers l'Espagne. Il n'est plus question au village que de cela. On tire les passages à partir de *palombières* (cabanes de chasse construites au sommet d'un arbre) ou, de manière beaucoup plus habile, on les capture à l'aide de *pantières* (filets tendus verticalement à l'entrée des cols habituellement empruntés par les oiseaux). Pour les obliger à se rabattre vers le sol, les chasseurs lancent vers les palombes des palets blancs, simulant le vol de l'épervier qui attaque toujours par-dessous. Effrayée, la palombe plonge vers le sol et se prend au filet. La saison de chasse est en général clôturée par un repas de fête au cours duquel fusent improvisations poétiques et récits plus ou moins mythiques, cependant que les « anciens » du village

▲ *À l'automne, le lanceur de faux éperviers en bois attire dans les pantières les palombes effrayées.*

finissent la soirée à l'auberge pour faire une partie de *muss* (poker basque), qui donne lieu à des affrontements aussi acharnés et aussi risqués que ceux du vrai poker. ■

De la gastronomie basque

Parmi les spécialités :
le *toro* que les bons auteurs appellent indifféremment « bouillabaisse basque », « fricassée », « ragoût » ou « matelote de poissons » (préparé sans safran);
les *chipirons* : petites seiches (ou encornets) farcies ou cuites à la casserole, accompagnées de leur encre ou de tomates selon les recettes;
le *thon* coupé en tranches, grillé, servi avec de la piperade très relevée

→

Doux coteaux et vastes « touyas » se partagent le Labourd, dominés par la Rhune,
▼ *imposante malgré sa faible altitude.*

Les récitatifs sont entrecoupés de danses et de chants accompagnés par deux instruments qu'on retrouve dans toutes les cérémonies : le tambourin *(ttun-ttun)* et la *tchirulä* ou *txistu,* flûte à trois trous. En Soule toujours, le *charivari,* qui était à l'origine une manière insultante de mettre au pilori un veuf ou une veuve trop tôt remariés, ou une personne de mœurs notoirement dissipées, s'est transformé en une farce d'une verdeur toute rabelaisienne. Mais il ne s'accompagne plus que rarement de coups de fusil tirés en l'air.

Nive et Nivelle en Labourd

Où finit le Labourd? Où s'arrête la Basse-Navarre? Où commence la Soule? Les trois provinces ne font qu'un tout; leurs frontières sont confuses. Néanmoins, outre l'habitat, il est dans ces sites des variétés de paysages qui donnent à chacune son caractère particulier.

Ainsi, le Labourd, coincé entre l'Adour et la Bidassoa, entre l'Océan et une ligne frontalière que l'on pourrait confondre avec la vallée de la Joyeuse, est une terre riante, peu boisée, avec ses landes sauvages *(touyas)* coupées de pans de cultures. Les contreforts pyrénéens prennent ici allure de « collines », puisque le point culminant, la Rhune, n'atteint que 900 m. Faible altitude certes, mais le panorama qui, du sommet, embrasse le Labourd, les Landes et les Pyrénées mérite l'« ascension » (par funiculaire à crémaillère) depuis le col de Saint-Ignace. En contrebas, côté Océan, le pittoresque village d'*Ascain,* sis à seulement quelques kilomètres de Saint-Jean-de-Luz, est le trait d'union entre la mer et la montagne. C'est là, à l'hôtel de la Rhune, que Pierre Loti écrivit *Ramuntcho.* Il y a des glycines aux balcons; les volets de bois rouge sang de bœuf, bleus ou verts font tache sur le crépi des maisons aux toits dissymétriques. L'église possède un clocher-porche trapu comme un donjon et, bien entendu, des galeries intérieures réservées aux hommes. Le pont

la *piperade* : mélange de légumes composé de tomates, piments, oignons et ail. On ajoute souvent des œufs, cuits avec la piperade comme des œufs brouillés;
le *poulet basquaise,* accompagné de tomates, de piments, de dés de jambon et de champignons;
le *salmis de palombe Etchebar* : servi sur canapé garni de dés de jambon;
les *rognons à la basquaise* : avec poivrons rouges et oignons;
le *riz à la Gatchutcha (Gracieuse)* : riz, chorizo, jambon en dés, olives vertes, piments, tomates, oignons;
le *tripotcha* : boudin fait de poumons et d'intestins de jeune veau, que l'on mange bouilli, accompagné d'une purée de pommes (fruits);
le *hachua d'Espelette* : filet de veau ou de bœuf coupé en tout petits dés. Roux préparé à base de graisse, ail,

oignon, bouquet, petits morceaux de jambon, farine;
les *louquenkas* : petites saucisses à l'ail et au piment;
le *gâteau basque* : gâteau parfumé au zeste de citron, fourré de crème pâtissière ou de cerises noires d'Itxassou;
la *galette basquaise* : œufs battus et confiture de cerises ou de groseilles;
le *taloa* : boulettes de farine de maïs et de blé, cuites devant la braise dans la région d'Itxassou. Dans celle de Cambo, les boulettes sont sucrées et jetées dans de l'huile bouillante;
le *gâteau de la maison (Etche biskoxa)* : gâteau en couronne, parfumé au rhum et à l'anis, dont le centre est garni de pruneaux et recouvert d'un dôme de pâte.
Parmi les sucreries, la plus typique et la plus répandue est le *touron,* sorte de pâte d'amandes garnie

de pistaches ou de fruits confits.
Parmi les boissons, le Pays basque offre le *vin d'Irouléguy* « si chaud et si fruité, qui fait danser les filles » (Curnonsky) — de ce vin d'appellation contrôlée, rouge ou rosé, Saint-Étienne-de-Baïgorry est la capitale —, un cidre aigrelet (le *pittara*) et la liqueur verte ou jaune *Izarra* (qui signifie « étoile »). ∎

Sur les chemins de Saint-Jacques

Au Moyen Âge, les chemins de Saint-Jacques-de-Compostelle, venant de Tours, de Vézelay et du Puy, convergeaient à Saint-Jean-Pied-de-Port. Des sanctuaires les jalonnaient. Le Pays basque en a conservé d'importants.
Bidarray : l'église romane a été

▲ *Palissée très en hauteur, la vigne d'Irouléguy, petit village réputé pour son vin.*

Les eaux de la Nive ajoutent au charme paisible de la vieille ville
▼ *de Saint-Jean-Pied-de-Port.*

romain et le manoir d'Ascubea (XVIᵉ s.), ayant appartenu à Mᵍʳ de Sossiondo, évêque de Bayonne, contribuent au charme d'Ascain, cerné de prairies qui viennent doucement mourir dans l'arrière-cour des maisons.

Non moins typique, le petit village frontalier de *Sare* qui, sur l'autre versant du col de Saint-Ignace, entretient fidèlement le mythe de la contrebande. En été, on y organise, le plus officiellement du monde, le « cross » des contrebandiers. La rumeur publique veut, en effet, que la grotte de Sare, aux innombrables galeries où se réfugièrent un jour les soldats carlistes, communique par un chemin secret avec le versant espagnol. Jusqu'à la fin du siècle dernier, le village était capitale d'une république enclavée à l'intérieur de la Navarre espagnole. C'est l'Etchezar chanté par Loti, mais, surtout, c'est la patrie de Pedro Axular, le plus grand poète basque (XVIᵉ s.). Il faut y voir l'église Saint-Martin (XVIIᵉ) avec sa fameuse inscription : « Toutes les heures blessent, la dernière tue », et les belles maisons des XVIIᵉ et XVIIIᵉ siècles. Éparpillés dans la campagne environnante, chapelles et oratoires ont été construits par des matelots pour remercier la Vierge de les avoir sauvés des périls de la mer. En octobre, cette campagne s'anime, la chasse à la palombe bat son plein, car, de par sa situation géographique, Sare est devenue l'une des terres d'élection de ce « sport ».

Il est toutefois, dans cette région, des plaisirs moins « cruels », telle la pêche, d'autant plus passionnante que la Sare et la Nivelle abondent en truites et en saumons. Au confluent des deux rivières, à deux pas de la Navarre espagnole, *Aïnhoa* est, dans son cadre de verdure, un village spécifiquement labourdin, avec ses rues rouges et blanches, vertes et blanches, certaines même absolument blanches. Chaque année, pour la Saint-Jean, on blanchit les maisons comme on le fait en Andalousie, en Algarve ou dans les Cyclades. Tout est ici ordre, clarté dans la perspective et dans l'architecture. Une bonne partie des demeures qui bordent la pittoresque grand-rue ont été édifiées au XVIIᵉ et au XVIIIᵉ siècle. L'église, d'origine romane, est un modèle du style basque avec son clocher carré à cinq étages, ses galeries du XVIIᵉ, son beau plafond et son chemin de croix en céramique.

De cette terre labourdine que le temps ne semble pas avoir marquée, *Ustaritz* fut la capitale jusqu'en 1790. Installée dans la vallée de la Nive, cette petite cité a vu naître le « bilzar », organe administratif réservé au tiers état, qui gérait le pays sous le contrôle d'un bailli nommé par le roi. Elle fut aussi la patrie du Conventionnel Dominique-Joseph Garat (1749-1833), qui lut à Louis XVI sa sentence de mort. Les maisons à colombage, les églises de Jatxou et de Halsou, les chapelles Saint-Michel et Saint-Sauveur sont dominées par la masse imposante du séminaire Saint-François-Xavier-de-Larressore

qui joua un rôle d'importance dans la défense et l'illustration de la langue basque.

En dépit de ce riche passé, Ustaritz a été quelque peu reléguée dans l'ombre par l'éclat de sa proche voisine, *Cambo-les-Bains.* Connue depuis longtemps pour son climat particulièrement clément et pour ses eaux thermales, cette dernière a accueilli une pléiade d'hôtes célèbres : Napoléon III et l'impératrice Eugénie, Alphonse XIII, Pierre Benoit, Sarah Bernhardt, Pierre Loti et Gabriele D'Annunzio. Anna de Noailles y eut sa villa « Brimborion », Edmond Rostand y fit construire en 1903 sa demeure d'« Arnaga » dont les superbes jardins à la française s'étagent au-dessus de la vallée de la Nive; calme retraite où il devait écrire *Chantecler,* et où Jean Rostand se découvrit une vocation de biologiste. Avec ses bouquets de chênes, de platanes et de mimosas, ses massifs d'hortensias et de camélias, la station s'étire aujourd'hui sur deux niveaux : le haut Cambo, au bord d'un plateau qui domine la Nive, où s'alignent maisons et hôtels de luxe; le bas

▲ *De son château fort,
Mauléon, capitale de la Soule,
conserve de beaux vestiges.*

élevée sur les soubassements d'un ancien prieuré. Le jour de la Fête-Dieu, une procession particulièrement pittoresque a lieu dans la bourgade; défilent des sapeurs à bonnet de poil, des suisses, des danseurs navarrais.
L'Hôpital-Saint-Blaise : la petite église du XIIᵉ siècle est très marquée par le style mudéjar, qui s'exprima à Cordoue notamment. Parmi les bienfaiteurs de l'église, on relève le célèbre Gaston III de Foix, dit Phébus, lieutenant du Languedoc, grand seigneur du XIVᵉ siècle, habile administrateur et ami des arts. Chaque année, du 3 au 5 février, pèlerinage en hommage à saint Blaise, protecteur du bétail. Seuls, les hommes y viennent et apportent des queues d'animaux à protéger. Le soir, on brûle ces touffes sur un bûcher dressé devant l'église. Par

extension, le saint guérirait aussi les humains!
Sainte-Engrâce : l'église, du XIᵉ siècle, est consacrée à une jeune noble espagnole martyrisée au IIIᵉ siècle. Son corps se trouve dans la cathédrale de Saragosse et la petite église de montagne ne possède, comme relique, que l'annulaire de « Madame Sainte Gracie » qui attire deux pèlerinages par an, le 15 avril et à la Pentecôte. Pour construire le sanctuaire qui se trouvait aux limites de la Navarre, de l'Aragon et de la France, il fallut, dit la tradition, une décision commune des trois souverains. Avec Saint-Blaise, Sainte-Engrâce est le seul édifice roman du Pays basque à n'avoir pas été défiguré. ■

*Les trois pignons
du clocher trinitaire de Gotein,*
▼ *typique de l'église souletine.*

Cambo, près de la rivière, qui a conservé, intact, le style du village basque traditionnel. Si Cambo-les-Bains est une ville fleurie et plaisante, le petit bourg d'*Espelette* n'a rien à lui envier : en 1922, on le déclara le plus coquet de France et, en 1955, lui fut attribué le diplôme « Prestige de la France ». Blotti dans un nid de verdure au pied du pic du Mondarrain, ce village d'aspect féodal, aux rues tortueuses, aux charmantes maisons alignées sur les rives du Laxa, est l'ancien fief des chevaliers et barons d'Ezpeleta. Leur château, reconstruit au XVIIᵉ siècle, contribue à l'harmonie de l'ensemble.

Les villages sont nombreux dans le Labourd et chacun mériterait qu'on s'y attarde. Comme *Hasparren*, qu'entouraient autrefois d'immenses forêts. Francis Jammes en fit sa résidence préférée; le poète, qu'on appelait « le Cygne d'Orthez », y devint le « patriarche d'Hasparren » (c'est là qu'il écrivit ses dernières œuvres et qu'il est enterré). Comme *Itxassou* aussi, éparpillé sur une série de dos-d'âne telle que l'on croit avoir quitté le village depuis longtemps lorsque l'on découvre, entourée de vieux chênes et se détachant dans l'échancrure du Pas de Roland, la belle église Saint-Fructueux du XVIIᵉ siècle. De là, la route remonte le défilé de la Nive, où l'on peut voir l'un des multiples rochers que la terrible Durandal est censée avoir fendus. Certes Roncevaux, ou plutôt Roncesvalles, se trouve en territoire espagnol : mais les Basques de chez nous devaient bien au neveu de Charlemagne un souvenir de son passage. Au-delà du hameau de Laxia, un sentier permet d'atteindre le sommet de l'Artzamendi (926 m) : une promenade au cœur de l'un des plus beaux tableaux naturels que puisse offrir notre pays.

Lieu de pêche à la truite et au saumon, de chasse à la bécasse et au lapin, *Louhossoa*, dans la vallée de la Nive, est encore labourdin, mais à la limite de la Basse-Navarre, tout comme *Bidarray*, plus au sud. Ici, un vieux pont, le « pont d'Enfer » (le diable, furieux de ne pas comprendre le basque, se serait jeté de là dans la Nive), et une église de grès rose juchée sur une hauteur ajoutent au charme du village.

La Navarre en France

Le Pays basque montagnard commence avec la Basse-Navarre, région boisée, parcourue de rivières, dont le cours supérieur de la Nive et la Bidouze. L'une des parties les plus belles est la *Vallée des Aldudes*, qui épouse les caprices de la Nive des Aldudes, affluent de la Nive, et qui se resserre dans des gorges de rochers rouges au milieu d'un paysage peuplé de chênes et de châtaigniers. Nous sommes au cœur de l'une des principales régions de chasse à la palombe, région qui fut, des siècles durant, l'objet de luttes acharnées entre les

villageois de Baïgorry et ceux du val d'Erro, en Espagne (ce n'est qu'au XIXᵉ siècle que les Basques français obtinrent le droit de faire paître leurs troupeaux en territoire espagnol). Les maisons de grès rouge du petit village des *Aldudes*, l'harmonieuse disposition de *Saint-Étienne-de-Baïgorry*, blotti dans un cirque de montagnes, l'altière silhouette du château des vicomtes d'Échaux contribuent à l'intérêt de ce parcours.

La Navarre a deux pôles entre lesquels a constamment balancé sa capitale : Saint-Jean-Pied-de-Port et Saint-Palais. Le premier, le plus pittoresque, s'ordonne autour de trois « nives » dans le pays de Cize. Dernière ville française sur le chemin de Saint-Jacques-de-Compostelle, située à proximité du col de Roncevaux, *Saint-Jean-Pied-de-Port* constitue une étape quasi obligatoire sur la route qui mène à l'Espagne. Au centre d'un bassin fertile cerné de hauteurs, la petite cité a gardé son aspect ancien, avec ses jolies maisons de grès rose signées et son église fortifiée Notre-Dame-du-Pont (XIIIᵉ-XVIIᵉ s.), avec son enceinte et sa citadelle, remaniées par Vauban. Le pont roman, la maison des États-de-Navarre (1610), celles des XVIᵉ, XVIIᵉ et XVIIIᵉ siècles qui bordent les rues de la Citadelle et d'Espagne, le magnifique fronton enclos dans les remparts font de la capitale de la Basse-Navarre, dont le nom signifie « Saint Jean au pied du col de Roncevaux », un de ces lieux où il fait bon flâner. En outre, c'est un excellent point de départ pour une excursion vers la belle forêt d'Iraty, hantée par des sangliers et des aigles et célèbre repaire de contrebandiers. Son manteau végétal (hêtres, sapins et ifs) compte, d'aucuns l'affirment, parmi les plus beaux du monde.

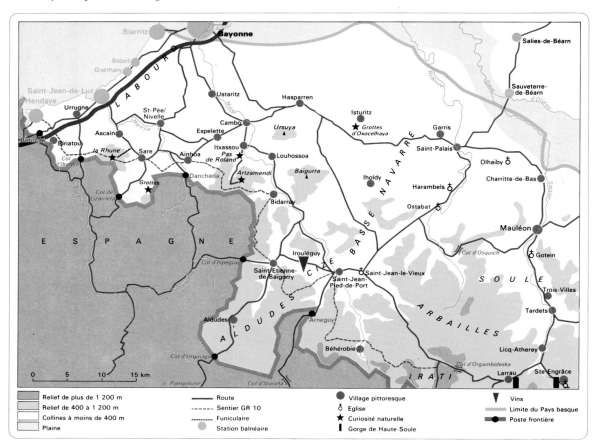

Établi en 1972 par Charles Etchepare et Georges Véron, le G. R. 10 relie Hendaye à Larrau, au gré d'un relief qui ne dépasse jamais 1 000 m. Ne comportant aucune escalade, il se trouve donc à la portée de tous et peut être suivi d'un bout à l'autre de l'année. Le sentier frôle souvent la frontière, et les randonneurs peuvent s'approvisionner dans les *ventas,* maisons espagnoles où l'on vend un peu de tout, mais où il n'est pas question de passer la nuit. Même impossibilité en ce qui concerne les *cayolars,* cabanes de bergers où se pratiqua longtemps une hospitalité rustique. Aujourd'hui, en l'absence du propriétaire, ces cabanes sont, pour la plupart, solidement barricadées. Restent les *bergeries,* situées à proximité des cols et où il est toujours possible de trouver un abri.

Telles pourraient être les principales étapes :
Hendaye-Biriatou : 2 heures
Biriatou-Sare : 6 heures
Sare-Aïnhoa : 3 heures
Aïnhoa-Bidarray : 7 heures
Bidarray-Saint-Étienne-de-Baïgorry : 7 h 30
Saint-Étienne-de-Baïgorry - Saint-Jean-Pied-de-Port : 5 h 30
Saint-Jean-Pied-de-Port-Béhérobie : 5 h 30
Béhérobie-Larrau : 8 h 30. ■

Autre capitale de la Navarre française, arrosée par la Bidouze, la petite ville de *Saint-Palais* fut, dès le XVe siècle, célèbre pour ses marchés et ses foires; elle a eu son hôtel des Monnaies. Elle est actuellement un centre important d'approvisionnement agricole. Les environs valent d'être explorés. Vers l'est (déjà en Soule), *Olhaïby* et sa petite église romane; *Charritte-de-Bas* et son église à trois pignons. À l'ouest, près du Labourd, les grottes superposées d'Isturitz et d'*Oxocelhaya,* au cœur d'un paysage qui fait irrésistiblement songer aux scènes peintes par les miniaturistes flamands lorsque, lassés de la monotonie de leurs plaines, ils s'inventaient des montagnes. Au sud-ouest, *Iholdy,* avec son église, ses deux châteaux et ses maisons pittoresques, l'un des endroits les plus attachants et les plus ignorés du Pays basque; il faudrait le voir au moment de la procession de la Fête-Dieu (*Pesta-Berri :* la nouvelle fête) qui revêt là une ampleur et une beauté toutes particulières. Au sud enfin, la chapelle Saint-Nicolas d'Harambels, avec son tympan roman, possède une merveilleuse et naïve décoration rustique du XVIIe et du XVIIIe siècle, typiquement basque, peut-être la plus remarquable de la région; tandis que, tout près, *Ostabat-Asme* est une bastide où convergeaient, bien avant Saint-Jean-Pied-de-Port, les trois « chemins » menant à Compostelle (de Tours, de Vézelay, du Puy).

La Soule entre Basques et Béarnais

Le col d'Osquich (507 m) commande la « frontière » entre Basse-Navarre et Soule. Toute proche du Béarn qui l'a influencée, la Soule est pour les Gascons une province frontière, dont la belle vallée du Saison (Gave de Mauléon) est l'artère vitale. Une plaine fertile et verdoyante et des montagnes boisées se partagent ce territoire.

Capitale de la Soule, *Mauléon* fut longtemps résidence des vicomtes souverains de Soule, puis des capitaines châtelains, gouverneurs du roi. La haute ville, qui conserve un imposant château fort médiéval, contraste avec le quartier résidentiel de Licharre, riche de son château d'Andurain — splendide demeure Renaissance construite au XVIIe siècle par Arnaud Ier de Maytie, évêque d'Oloron — et de son hôtel de Montréal, datant du XVIIIe siècle. Pierre Benoit a planté le

décor de son roman sur les guerres carlistes *Pour Don Carlos* à Mauléon, qu'il surnomme Villéléon. La cité de Mauléon s'est rendue célèbre par la fabrication de ces espadrilles qui sont, avec le béret, l'un des symboles du Pays basque.

À l'est de la ville, non loin de la vallée du Gave d'Oloron, *L'Hôpital-Saint-Blaise* est un ancien hospice qui jadis accueillait les pèlerins de Saint-Jacques. Son église est remarquable par un détail fort rare en France : la clôture des fenêtres est composée de dalles de pierres ajourées. Au sud, l'église de *Gotein-Libarrenx* possède un clocher trinitaire, l'un des mieux conservés et des plus caractéristiques du pays de Soule. À proximité de Gotein (sur la route de Larrau), Trois-Villes est le Tréville immortalisé par *les Trois Mousquetaires.* Un peu plus haut sur le Saison, *Tardets-Sorholus* est un charmant village aux vieilles maisons à arcades où se déroulent des manifestations folkloriques parmi les plus authentiques du Pays basque. Aux environs de la chapelle de la Madeleine, qui est un but de pèlerinage, on découvre une magnifique vue sur les pics du Midi d'Ossau et du Midi de Bigorre.

Une jolie excursion à faire à partir de Tardets est celle de la haute Soule. À *Sainte-Engrâce,* pittoresque village de bergers cerné par la forêt : on se croirait au bout du monde! Les *gorges de Kakouetta,* aux parois verticales taillées dans le calcaire, sont impressionnantes, surtout au point nommé le « Grand Étroit », sorte de cañon de 3 à 10 m de largeur, profond de 200 m et dans lequel roule, à grand fracas, le torrent. L'excursion requiert des qualités sportives, mais elle vaut la peine car il s'agit là d'une des merveilles du département des Pyrénées-Atlantiques. La collégiale romane, isolée en pleine montagne, au bout de la route carrossable, est ornée de chapiteaux historiés, de grilles du XIVe siècle, et d'énormes serpents enserrent le pied de ses colonnes.

La vieille inscription basque qui est sculptée sur le fronton des Aldudes : « Jouons honnêtement, toute la place nous jugera honorablement » est un rappel symbolique de la loyauté du Basque, dont l'existence, quand il n'est pas en Amérique, se déroule entre le fronton, la place, l'église et son cimetière, la maison. Ce peuple n'est pas de ceux qui démissionnent. Opiniâtrement attaché à la tradition, il a atteint une perfection d'équilibre dans sa vie et son décor même.

Index

Les lettres placées devant l'indication des pages renvoient aux chapitres suivants :

EYZ (Cathédrales de la préhistoire en Périgord)
CHP (Châteaux en Périgord et en Agenais)
VB (Sur les routes des vins de Bordeaux)
CA (Les Landes au bord de l'Océan)
CB (La Côte basque)
EUZ (Claires maisons en verte campagne, les villages basques)

Les pages sont indiquées en **gras** lorsqu'il s'agit d'une illustration, en *italique* pour le renvoi à la carte.